EL JOVEN MULTIMILLONARIO:

MARK ZUCKERBERG

EN SUS PROPIAS PALABRAS

EL JOVEN MULTIMILLONARIO:

MARK ZUCKERBERG

EN SUS PROPIAS PALABRAS

GEORGE BEAHM

(COMPILACIÓN)

AGUILAR

El joven multimillonario: Mark Zuckerberg en sus propias palabras
D. R. © 2013 George Beahm
Título original: *Mark Zuckerberg in his own words*
Publicado por B2, un sello de Agate Publishing, Estados Unidos.

D. R. © De esta edición:
D. R. © Santillana Ediciones Generales, S. A. de C. V., 2013.
    Av. Río Mixcoac No. 274, Col. Acacias
    C. P. 03240, México, D. F.
    Teléfono (52 55) 54 20 75 30

Primera edición: agosto de 2013
ISBN: 978-607-11-2728-0
Traducción: Alejandra Ramos
Diseño de cubierta: Jesús Manuel Guedea Cordero
Foto de cubierta: Getty Images

Impreso en México

PRISA EDICIONES

Va por "los chicos".

Facebook no se creó originalmente como una compañía, sino para cumplir una misión social: hacer del mundo un lugar más abierto y conectado. No construimos servicios para hacer dinero; hacemos dinero para construir mejores servicios.

–Mark Zuckerberg

VALOR NETO: EL JOVEN MULTIMILLONARIO

El 18 de mayo de 2012, a las 9:30 horas, rodeado por los empleados de Facebook y detrás de un podio de NASDAQ en Menlo Park, California, Mark Zuckerberg presionó un botón para hacer sonar la campana para abrir NASDAQ en Nueva York, señalando el inicio del día de transacciones. Ese fue el día en que que las acciones de Facebook se hicieron públicas: a cuatro días de haber pasado su cumpleaños número 28, y ocho años después de que, como estudiante de Harvard, concibió la idea de Facebook en su dormitorio universitario.

La muy esperada OPV (Oferta Pública de Venta) de Facebook recaudó 16 mil millones de dólares, dándole un valor de mercado de 104 mil millones de dólares. Esto convirtió a Zuckerberg en uno de los multimillonarios más jóvenes del planeta. Al día siguiente, se casó con su novia de muchos años, Priscilla Chan, empezando la siguiente fase de su vida.

Walt Disney dijo alguna vez: "No hago películas para hacer dinero; hago dinero para hacer películas." Es una filosofía de trabajo que Mark Zuckerberg claramente atesora: "No creamos servicios para hacer dinero; hacemos dinero para crear mejores servicios."

Es un punto de vista que choca con la mayoría –si no es que con todos– los emprendedores de Silicon Valley, donde el objetivo es crear una aplicación o página web, por ejemplo, generar la máxima demanda por el producto y, después, venderlo por millones de dólares lo más rápido posible. Pero ésa no es la idea de Zuckerberg. De hecho, cuando en 2007 Microsoft lo abordó para comprar Facebook por 15 mil millones de dólares, Zuckerberg educadamente declinó su oferta. No estaba interesado en llenarse los bolsillos vendiendo su empresa.

Es una mentalidad que confunde a muchos en la industria de la tecnología y en la comunidad emprendedora. Al final, Zuckerberg acabó haciendo más dinero por esperar la OPV, ¿cuántos fundadores dotcom hubieran hecho lo mismo?

Para una persona común y corriente que tiene cuentas que pagar, la idea de rechazar millones de dólares es inconcebible. De hecho, cuando David Kirkpatrick –autor de *The Facebook Effect*– responde preguntas de sus lectores, el tema del dinero es la preocupación mayor. Como dijo a una entrevista para el Museo de Historia de la Computación: "A la gente le cuesta mucho trabajo creer eso de Facebook. Es un hecho… es un aspecto de mi libro sobre el que la gente me cuestiona esté donde esté. No pueden creer que Facebook no lo haga por dinero, por la publicidad, etcétera."

LOS PRIMEROS AÑOS

Desde siempre, fue claro para todos que Mark Elliot Zuckerberg era especial. El hijo de Edward y Karen Zuckerberg –quienes también tienen tres hijas– nació en White Plains, Nueva York, el 14 de mayo de 1984. (Coincidentemente, el mismo año en que Apple lanzó su revolucionaria computadora Mac.)

Mark, como su padre hizo notar en el artículo de la revista *Time* que nombró a Mark Zuckerberg "persona del año", siempre ha sido intelectualmente retador, incluso de niño. Como explicó el Dr. Zuckerberg, si su hijo hacía una pregunta y la respuesta era "Sí", no se necesitaba elaborar más; pero un "No" requería una explicación que tenía que ser vigorosamente defendida. La manera inquisitiva de Mark sugería que tenía madera de abogado. Era una suposición lógica, pero los intereses de su hijo estaban en otro lado: específicamente en el mundo binario de la computación.

Desde pequeño, el gusto de Mark por las computadoras fue evidente: a los doce años, usando un Atari básico, creó el *software* para un programa de mensajes que comunicaba su casa con el consultorio dental de su papá. Tenía el nombre de *Zucknet* y fue la primera "producción Mark Zuckerberg", un eslogan que apareció en la parte más baja de las primeras publicaciones de la red social de Zuckerberg.

Cuando sus padres se dieron cuenta del interés de su hijo en las ciencias de la computación, contrataron a un tutor –un desarrollador de *software* llamado David Newman, quien rápidamente comprendió que Mark no era un típico estudiante, sino un prodigio. Además de estas lecciones, Mark Zuckerberg también tomaba clases de programación en BASIC en Mercy College.

Mark se cambió de la preparatoria Ardsley a un bachillerato prestigioso, Phillips Exeter Academy (en Exeter, New Hampshire), principalmente porque su plan de estudios era mucho más robusto en materias computacionales.

Aun en los deportes, Zuckerberg parece preferir cerebro sobre músculos. En Phillips Exeter practicó esgrima, un deporte que requiere concentración extrema, reflejos rápidos y coordinación precisa ojo-mano. Se convirtió en el capitán del equipo de esgrima.

También desarrolló un *software* llamado *Synapse*, similar a *Pandora*. Atrajo el interés de Microsoft y AOL, y ambos ofertaron por su compra. Zuckerberg rechazó ambas y después lanzó el *software* gratis.

HARVARD

Zuckerberg entró a Harvard en otoño de 2002. Quizá de primera, dado su obvio talento por las ciencias computacionales, MIT (Massachusetts Institute of Technology) parecía una mejor opción académica para Zuckerberg. Sin embargo, Harvard ofrecía un plan de estudios más completo que además cumplía con su interés adicional en psicología (la profesión de su madre).

En su primer año en Harvard, Zuckerberg ya tenía reputación de *geek* de computadoras: había publicado en línea CourseMatch, que permitía ver qué clases tomaba cada estudiante. En cuestiones personales, Mark había empezado a salir con Priscilla Chan, con quien se casó en 2012.

Aunque CourseMatch llamó la atención de sus compañeros, fue el siguiente proyecto de Mark el que realmente lo puso en el centro del mapa de la comunidad de Harvard. Para identificar a los estudiantes, Harvard publicaba directorios en línea con fotografías individuales, conocidos como "facebook".

Después de *hackear* los facebooks de Harvard, Zuckerberg creó un programa llamado Facemash, el cual publicaba dos fotos de estudiantes (mujeres) y requería que el usuario juzgara quién era más atractiva.

El sitio web se popularizó de inmediato entre sus compañeros, pero también causó revuelo y molestia en diversos grupos del campus, quienes se quejaron con la administración de la universidad, y solicitaron deshabilitar el sitio, que se cerró a sólo cuatro horas de operación. Eso le ganó al antipático Zuckerberg una audiencia administrativa y reuniones con un consejero.

Lo que la mayoría de la gente desconocía era que los estudiantes de Harvard lo hubieran podido pasar peor, pues su idea inicial era compararlos con animales. Al final, abandonó la idea y optó por comparar sólo a mujeres.

La corta vida de la página web cimentó la reputación de Zuckerberg como el chico a quién acudir para cualquier cosa relacionada con escribir códigos. Fue así como llamó la atención de tres estudiantes que estaban desarrollando un sitio de Internet exclusivo de la comunidad de Harvard, llamado HarvardConnection. Divya Narendra y los gemelos Cameron y Tyler Winklevoss buscaban un *geek* que escribiera el código en poco tiempo. Era importante ser los primeros en desarrollar la idea y capitalizar la posibilidad. Después de ver lo que Zuckerberg hizo con Facemash, sabían que era el tipo correcto. O eso creían.

Zuckerberg aceptó trabajar con ellos, pero abandonó el proyecto para concentrarse en sus ideas. Después de repetidos enfrentamientos por las tácticas de retraso de Zuckerberg, el equipo de HarvardConnection comprendió que sus intereses y los de Mark no estaban en sintonía. Él ponía atención en otros propósitos y se había desconectado intencionalmente de HarvardConnection.

Lo que acaparó la atención a Zuckerberg fue su propia red social, llamada Facebook. Recluido en la Suite H33, del dormitorio para estudiantes Kirkland, Zuckerberg y tres de sus compañeros trabajaron secretamente en el proyecto. El 11 de enero de 2004, registraron el dominio thefacebook.com, por register.com. Sería exclusivo para los estudiantes de Harvard que tuvieran un correo electrónico con el sufijo harvard.edu.

El 4 de febrero de 2004, se publicó Thefacebook y el mundo de Mark Zuckerberg cambió para siempre.

JANO

Hay una caricatura clásica del *New Yorker* que muestra a un perro frente a una computadora que le dice a otro perro: "En Internet nadie sabe que eres un perro."[1] Internet le permite a los usuarios ser anónimos, potencialmente fomentando conductas irresponsables y antisociales como acechar, publicar comentarios difamatorios, ofensivos o racistas.

Para Zuckerberg, la deshonestidad inherente permitida por el anonimato en línea era un impedimento mayor para construir una comunidad de usuarios en línea. Él sentía que la confianza mutua era un ingrediente esencial.

El ingrediente secreto que Mark Zuckerberg añadió a su mezcla fue el elemento de la transparencia. En Thefacebook, usar un correo electrónico válido le daba seguridad a los usuarios, en especial a las mujeres.

La deidad griega de dos caras Jano, viene a la mente. Jano, quien podía mirar simultáneamente el pasado y el futuro, es una buena analogía para Zuckerberg, quien mirando al pasado de las redes sociales se dio cuenta de que no habría futuro si las comunidades web se mantenían en el anonimato.

Además, seguramente para Zuckerberg era difícil mantener dos responsabilidades cada vez más demandantes: una carga académica completa y Thefacebook, su interés principal.

PALABRAS SABIAS

En un significativo momento que cambió la vida de Mark —narrado en la genial crónica de Ben Mezrich acerca de Facebook, *Los multimillonarios accidentales*–, Bill Gates habló a un grupo de estudiantes en Harvard. "Después de ir y venir por las ramas, Gates le dijo a los estudiantes que lo genial de Harvard era que en cualquier momento podían regresar y terminar", escribió Mezrich.

La idea cobró sentido para Zuckerberg; lo vio como una opción viable para Facebook. Una vez más, como Jano, viendo al futuro: si dejaba Harvard para dedicarse a Facebook y el sitio era un éxito, genial. Viendo al pasado: si dejaba Harvard y Facebook fracasaba, siempre podría regresar, terminar su carrera y conseguir un buen trabajo.

En junio de 2004, Mark Zuckerberg jaló el gatillo. Dejó la escuela y se mudó a Silicon Valley para trabajar de lleno en Facebook. Para ese entonces, la red social tenía una base sólida de más de un millón de usuarios, y el cielo era el límite en términos de su potencial.

El éxito temprano de Facebook llamó mucho la atención, especialmente de los gemelos Winklevos, quienes en 2004 demandaron a Zuckerberg por violación de derechos de autor. Alegaban que Zuckerberg les había robado cínicamente la idea de Facebook y la injusticia debía resarcirse monetariamente.

La agria contienda de la demanda, Facebook, Inc. vs. ConnectU, Inc., fue finalmente resuelta. Después de esto, surgieron mensajes instantáneos incendiarios de parte de Zuckerberg. Como Tyler Winklevoss declaró a CNN el 8 de febrero de 2011: "Cuando llegamos a un acuerdo, no teníamos ni de cerca la evidencia que existe hoy. Sabíamos que algo se había hecho mal, pero lo que Facebook hizo a lo largo del litigio fue suprimir y esconder los disparos de comunicación electrónica de Mark Zuckerberg."

De hecho, los "disparos" fueron más bien tiros fallidos, de acuerdo con el escritor del *New Yorker*, José Antonio Vargas. En "The Face of Facebook: Mark Zuckerberg Opens Up" (20 de septiembre de 2010), Vargas escribió: "Aunque los mensajes instantáneos no ofrecían evidencia para respaldar demanda por robo, según fuentes que leyeron los mensajes, éstos retratan a Zuckerberg como traicionero, insensible y confabulador."

Los procedimientos legales probaron ser una distracción para Facebook y Zuckerberg, quien siempre se declaró inocente. Desde su punto de vista, Facebook y HarvardConnection eran redes sociales con muy poco en común. Zuckerberg aseguraba que la ejecución de la idea, y no la idea en sí misma, era la diferencia esencial; argumentaba que su sitio era mucho más popular, simplemente porque era más útil y albergaba a una comunidad virtual mucho mayor.

DUEÑO DE SUS DOMINIOS

Cuando California fue testigo de la fiebre del oro en 1848, miles de personas fueron a buscar fama y fortuna. La fiebre del oro moderna en California no está en el fondo de riachuelos y en cuevas, sino en el suelo común (específicamente, en silicón). Silicon Valley, al sur de San Francisco, es el epicentro tecnológico y financiero. Los ángeles financieros, también conocidos como *venture capitalists*, o inversionistas de riesgo, mantienen Silicon Valley con vida al financiar los sueños ".com" de emprendedores esperanzados.

En 2004, Mark Zuckerberg y sus amigos se mudaron a Palo Alto y rentaron una casa estilo rancho que servía como su residencia y como oficinas de su naciente sitio web. (Más tarde se cambiaron a un edificio de oficinas cercano.) Fue un comienzo modesto de lo que sería una de las dot-com más importantes de todos los tiempos.

Un año más tarde, de acuerdo con Tomio Geron, de Forbes.com, "Facebook seguía siendo sólo una pequeña nueva empresa ambiciosa." Que contaba con sólo diez empleados.

Thefacebook arrancó cuando Zuckerberg apareció en un panel de discusión acerca de nuevas empresas y emprendedores en la Universidad de Stanford, con el cofundador de PayPal, Peter Thiel, el emprendedor Sean Parker y el inversionista Venky Harinarayan, de Cambrian Ventures.

Fue Harinarayan quien le dijo a la revista *Forbes*: "Lo que más me sorprendió fue que había una audiencia de más de 700 personas. Nunca había visto tanta gente en un mismo lugar en Stanford. La gente estaba tan apasionada por Facebook que me quedé absolutamente sorprendido... Recuerdo platicar con Accel (una firma inversionista); la principal razón por la que decidieron invertir fue porque hablaron con los estudiantes de Stanford y descubrieron que utilizaban Facebook dos horas al día."

En mayo de 2005, Harinarayan y su socio, Anand Rajaraman invirtieron en Facebook (para entonces, Sean Parker de MySpace había sugerido deshacerse del "The" y llamarlo sólo "Facebook"). La inversión de Accel sumaba 12.7 millones de dólares, música para los oídos de Zuckerberg. Ahora su compañía tenía suficiente capital operativo para lanzarla formalmente y posicionarla para un crecimiento futuro significativo. Hasta ese entonces, el alcance de Facebook había sido deliberadamente restringido a ciertas universidades, pero cuando se abrió a otras universidades y a preparatorias en Estados Unidos y en otros países, atrajo 5.5 millones de usuarios. Era diciembre de 2005 y el rápido crecimiento de Facebook llamó la atención de compañías más grandes que buscaban comprar dot-coms potencialmente lucrativas.

Los siguientes siete años, Facebook esquivó a compradores y continuó incrementando su base de usuarios, expandiendo sus productos y servicios, y construyendo las bases para su eventual OPV.

Durante ese tiempo, Facebook necesitaba dinero, mucho dinero, para satisfacer la demanda de servidores e infraestructura. A pesar de la presión de compañías externas que cortejaban a Zuckerberg, se mantuvo firme. Facebook no estaba a la venta porque estaba posicionándose para ser pública.

LA OPV DE FACEBOOK

De acuerdo con la revista *Forbes* (mayo de 2012), la OPV de Facebook, realizada el 18 de mayo de 2012, fue la tercera más alta en la historia, eclipsada sólo por Visa y Enel (una compañía energética). Los primeros inversionistas tenían mucho porque sonreír, pero sus rostros han cambiado desde ese momento, al igual que las acciones que, al cierre de esta edición, valen la mitad de su valor original: de 38 dólares a 19.50 dólares.[2]

El único comentario que ha hecho Mark Zuckerberg a la fecha, en relación con la caída de las acciones, fue en una reunión de personal en agosto de 2012. "Doloroso", fue su sucinta respuesta. Pero lo peor aún puede llegar. Cuando las compañías se hacen públicas, después de la OPV, normalmente hay un periodo, de inmovilización que previene que los empleados y accionistas intercambien acciones. El 12 de noviembre de 2012, cuando expiraron las inmovilizaciones, un estimado de 1.2 mil millones de acciones salieron al mercado.

Con el tiempo, es posible que las acciones suban, pero por el momento, Facebook tiene que salir de un hoyo muy profundo. Antes de la OPV, los infiltrados dijeron que había demasiadas acciones, a precios demasiado elevados. En retrospectiva, aunque las alarmas sonaron con anticipación, Facebook y sus inversionistas decidieron ignorarlas.

"Mantente concentrado, sigue navegando"

El mantra de Zuckerberg, "Mantente concentrado, sigue navegando", le ha servido bien a Facebook, desde los modestos inicios de la compañía en Harvard, sus años incipientes en Silicon Valley y su crecimiento. Antes de la OPV, Zuckerberg pegó pósters con esta leyenda en las instalaciones corporativas para mantener a sus empleados concentrados en la misión permanente: "Dar a la gente el poder de compartir y hacer un mundo más abierto y conectado."[3]

Ése debe ser el objetivo continuo de Facebook. La compañía está en una encrucijada y debe prepararse para un mundo más grande y para responder ante inversionistas ansiosos que tienen mucho dinero invertido en la compañía.

Es una época en la que muchos usuarios están cambiando a dispositivos móviles y requieren que Facebook se renueve. Facebook debe ir a donde vayan sus usuarios. Son la gasolina que mantiene el motor de Facebook en marcha. *Todo* se trata de los números, interconectados con las ganancias de publicidad, sobre las que descansa el futuro de Facebook.

Nadie puede saber lo que el futuro le depara a Facebook. Es una compañía en cambio constante que continúa forcejeando con nuevos productos, mientras que Wall Street lo mira nervioso preguntándose si sus acciones se recuperarán.

En tiempos violentos, ¿qué debe hacer un director? Mark Zuckerberg debe mantenerse en calma, asir el timón y navegar a un puerto seguro. Está en una tormenta perfecta que, irónicamente, es su propia creación.

EN SUS PROPIAS PALABRAS

Aun antes de la OPV de Facebook, Mark Zuckerberg era un imán mediático. Predeciblemente, muchos de los artículos y reportajes se enfocan en su juventud, su peculiar personalidad y, más aún, en su riqueza, o lo que es lo mismo, su celebridad.

No ayuda que Zuckerberg sea una persona tan privada y que rara vez dé entrevistas. Sin embargo, como el fundador de Facebook y su actual presidente, se esperan entrevistas y declaraciones públicas, así que renuentemente se pone bajo los reflectores. Él preferiría pasar tiempo con sus amigos, que lo llaman Zuck, con su esposa, Priscilla, con sus padres en Dobs Ferry, Nueva York, o con sus tres hermanas, dispersas en todo Estados Unidos.

Todo empezó en un dormitorio de Harvard, en 2004, cuando publicó Thefacebook en línea. Construir y dirigir la red social más exitosa del mundo se convirtió en el trabajo de su vida. En 2012, Facebook llegó a los mil millones de usuarios. Nada mal para un desertor universitario.

Aunque Mark Zuckerberg es el rostro de Facebook, también es su corazón y su alma. Sería difícil imaginar Facebook sin Zuckerberg, aunque algunos inversionistas han coqueteado con la idea frente a la caída en las acciones de la compañía.

En esta sección del libro, vemos lo que Mark Zuckerberg ve con sus propios ojos; no filtrado por un equipo de relaciones públicas, un vocero, un representante autorizado o un contacto mediático.

PERSONAL

A diferencia de Steve Jobs, Mark Zuckerberg se escapa de las cámaras y los reflectores. Pero un vistazo a su vida personal revela mucho acerca de su carácter, su forma de pensar y los valores con los que ha forjado Facebook.

Para quienes la única percepción que tienen se debe a la película *La red social* y al libro en el que está basada, Mark Zuckerberg es un patán de primera, inteligente pero presumido, abrupto y arrogante. Ben Mezrich (autor del libro *Los multimillonarios accidentales*) no tuvo acceso a Zuckerberg o a Facebook, aunque logró que algunos empleados hablaran de forma anónima. Dado que los amigos y colegas dicen que Mark es atento, chistoso, comprometido y buen tipo, nos enfrentamos a dos retratos opuestos. ¿Quién es el verdadero Mark Zuckerberg?

Los periodistas que lo han entrevistado han quedado impresionados. Aunque admite que no le importa el proceso de las entrevistas, cuando quiere puede ser carismático y agradable, especialmente cuando cree que las preguntas son interesantes. Pero cuando las preguntas son banales, él sonríe intencionalmente, arranca su súper IQ y utiliza un ingenio envidiable para desarmar a la víctima involuntaria quien, en curva, es incapaz de replicar.

"Hackear" es una palabra venerada en Facebook, como explica Barbara Ortutay, de *USA Today*: "Es un ideal que permea la cultura de la compañía. Explica el esfuerzo de probar ideas nuevas (aunque fracasen) y de promover productos rápidamente (aunque no sean perfectos). La visión *hacker* ha hecho de Facebook una de las compañías de Internet más valiosas del mundo."

Mi interpretación es que, en corto, Mark Zuckerberg no sufre por los bobos; simplemente los ignora y los descarta, enfocando su atención en algo más.

En esta sección está el lado personal, no profesional, del chico convertido en rey.

SER ASALTADO

Al explicar su breve encuentro con un ladrón armado que intentó asaltarlo mientras cargaba gasolina: Tengo suerte de estar vivo. No dijo lo que quería. Supuse que estaba en drogas.

–*Fast Company,* 1 de mayo de 2007

ELIMINAR EL DESEO

Sólo quiero concentrarme en lo que estamos haciendo. Cuando lo pongo en mi perfil, en eso me concentro. Pienso, ¿probablemente es budista? Para mi, sólo *es*. No sé, creo que sería muy fácil distraerse y enredarse en cosas a corto plazo o en cuestiones materiales que no importan. De hecho, la frase es: "Eliminar el deseo por todo lo que no importa en realidad."

–*Time*, 27 de diciembre de 2010 - 3 de enero de 2011

CONSEJO A ESTUDIANTES

Mi primer consejo para todos mis amigos que tienen hermanos menores en la universidad o en la preparatoria es: deben aprender a programar.

–*Charlie Rose*, 7 de noviembre de 2011

SU PERFIL EN GOOGLE+

Yo hago cosas.

–*Time*, Techland, 5 de julio de 2011

DE SER "ZUCK"

*Cuando la entrevistadora Leslie Stahl dice: "Parece que
estás reemplazando a Larry y Sergey (los fundadores
de Google) como la personalidad de quien todos están
hablando."Zuckerberg aspiró, hizo una pausa y parpadeó.
"Sólo estás viéndome fijamente", le dijo Stahl. Zuckerberg
respondió:* ¿Eso es pregunta?

–60 minutes, 13 de enero de 2008

PENA DE MUERTE

*Un usuario de Facebook publicó un concurso llamado "Día
de dibujar a Mohammed" y despertó la ira del mundo árabe,
que responsabilizó a Zuckerberg. Su respuesta:* Alguien está
tratando de sentenciarme a muerte en Pakistán. Eso no es una
broma. Puede parecer chistoso, pero no es una broma. Creemos
que lo que estamos haciendo [en Facebook] es algo muy valioso
para el mundo, y espero no morir en el intento.

–Museo de Historia de la Computación, 21 de julio de 2010

HABLAR MANDARÍN

El año pasado... mi reto personal fue aprender chino. Reservé una hora diaria para estudiar y ha sido una experiencia maravillosa hasta ahora. Siempre he pensado que aprender idiomas es un reto, así que quise lanzarme y aprender uno difícil. Ha sido una experiencia reveladora. Con los idiomas, no hay forma de sólo "descifrarlos" como puedes con otros problemas, sólo necesitas practicar y practicar. La experiencia de aprender mandarín también me ha llevado a visitar China, aprender de su cultura e historia, y conocer a mucha gente nueva e interesante.

–Fortune: Postcards, 26 de mayo de 2011

COMER CARNE

Acabo de matar a un cerdo y a una cabra. La única carne que como es la que yo mismo mato. Hasta ahora, ha sido una buena experiencia... Cada año me pongo un reto personal. Es una buena forma de explorar cosas diferentes que no haría normalmente. Al final del año pasado, reflexioné muchísimo acerca de lo agradecido que estoy por poder construir cosas tan buenas, que hasta ahora han sido exitosas; decidí que el reto de este año girara alrededor de ser más agradecido por lo que tengo. Lidié mucho con cómo implementar esto, pero al final decidí que forzarme a involucrarme personalmente y agradecer a los animales de quienes tomo la vida para alimentarme, sería la mejor forma de ser agradecido.

Así que cada día que no puedo comer carne, recuerdo por qué no lo hago y lo afortunado que soy; cuando sí como carne es especialmente satisfactorio. Este reto también tiene el beneficio de hacerme más sano y aprender mucho acerca de la vida sustentable.

–Comentario en su perfil de Facebook, 4 de mayo de 2011

ENFOQUE Y SIMPLICIDAD

En términos de trabajar, aprender y evolucionar como persona, creces más cuando tienes la perspectiva de otras personas... De verdad, intento vivir con la misión de la compañía y... mantener el resto de mi vida muy simple.

–*Charlie Rose*, 7 de noviembre de 2011

SUS "ME GUSTA"

En su perfil personal, a Zuckerberg "le gusta": apertura, hacer cosas que ayuden a la gente a conectarse y a compartir lo que es importante para ellos, revoluciones, flujo de información, minimalismo.

–Perfil personal de MZ, vía *Business Insider*

LA UNIVERSIDAD

En 2007, Bill Gates dio el discurso de bienvenida a los alumnos de Harvard. Cuando descubrió que el periódico de la universidad le había dado el título de *El desertor más exitoso de Harvard*, dijo: "Supongo que eso me hace *valedictorian* en mi propia categoría especial... lo hice mejor que todos los que fracasaron."

Dejando las bromas de lado, Gates habló con cariño de su época en Harvard:

Harvard fue una experiencia fenomenal para mí. La vida académica fue fascinante. Me gustaba entrar de oyente a muchas clases a las que ni siquiera me había inscrito. Viví en Radcliffe, en el dormitorio Currier. Siempre había mucha gente en mi dormitorio en las noches, discutiendo cosas... a nadie le importaba tener que levantarse temprano. Lo que más recuerdo de Harvard es estar en medio de tanta energía e inteligencia. Podía ser emocionante, intimidante, a veces hasta desalentador pero siempre desafiante. Era un privilegio increíble, y aunque me fui antes de tiempo, mis años en Harvard me transformaron, al igual que las amistades que hice y las ideas sobre las que trabajé.

Cuando Gates finalmente regresó a Harvard por su diploma, un doctorado con honores, comentó: "Llevo más de treinta años esperando para decir esto: 'Papá, siempre te dije que regresaría por mi título.' El próximo año me cambiaré de trabajo y será muy bueno finalmente poner un título universitario en mi currículo."

El otro desertor famoso de Harvard es, por supuesto, Mark Zuckerberg, quien se tomó muy a pecho lo que dijo Gates acerca de Internet: "La magia de esta red no sólo es que colapsa la distancia y hace que todos sean vecinos. También aumenta dramáticamente el número de mentes brillantes que pueden trabajar juntas en el mismo problema; y eso aumenta el ritmo de la innovación a un grado impactante."

Más allá de ser un desertor de Harvard, Zuckerberg –quien en su primer año asistió a una conferencia dictada por Bill Gates en Harvard– comparte muchas cosas con su colega en la innovación tecnológica: ambos son excepcionalmente brillantes, curiosos y entienden la tecnología como un agente de cambio. Los dos consideran las redes sociales como la clave para cambiar el mundo de forma positiva.

Lo importante no es que Zuckerberg haya publicado una página de Internet irreverente en la universidad, ni siquiera que haya desertado después de dos años. Lo importante es que cuando finalmente dejó de lado los juegos (por decirlo de alguna manera), fue directo al grano: construir Thefacebook, lo que acaparó su atención a tal nivel que puso su mente por completo en el proyecto y perseveró hasta que estuvo en su punto. Ninguna discusión de los días universitarios de Zuckerberg estaría completa sin una mención a los gemelos Winklevoss, quienes lo reclutaron para trabajar en su base de datos en línea de Harvard, HarvardConnection. No hay duda de que ellos le pidieron que trabajara en el sitio, igual que no hay duda de que Zuckerberg rápidamente lo abandonó y continuó con un proyecto que, para él, prometía más: Thefacebook.

Dado que la demanda a la que se enfrentó ahora es historia –fue reportado que Facebook liquidó 65 millones de dólares en efectivo y en acciones–, parece ridículo conducir un detallado análisis *postmortem*. Pero vale la pena señalar que una idea es como una semilla mental y su exitosa germinación depende enteramente de la visión, la imaginación y la persistencia de la mente en la que se planta.

MENTALIDAD

Bueno, yo no sé de negocios... Me conformo con hacer algo *cool*.

–Mensaje instantáneo a un amigo, 8 de enero de 2004, vía *Business Insider*

GRANJA ANIMAL

En su blog, Mark Zuckerberg describe su primera incursión a la antisocial red en línea de Harvard, después de terminar con su novia: [9:48 p.m.] Estoy un poco intoxicado, no voy a mentir. ¿Y qué si es un martes y no son ni las diez de la noche? ¿Qué? El directorio fotográfico de Kirkland [dormitorio] está abierto en mi computadora y la gente tiene unas fotos verdaderamente horrorosas. Casi me dan ganas de poner algunos de sus rostros junto a animales de una granja y hacer que la gente vote por la más atractiva. [11:09 p.m.] Sí, aquí voy. No estoy seguro de cómo los animales entran en toda esta cuestión (nunca sabes con los animales de una granja), pero me gusta la idea de comparar a dos personas. [12:58 a.m.] Que comience el *hackeo*.

–Publicaciones del blog de MZ, 4 de febrero de 2004, vía
Huffington Post

NO TRABAJAR

Mi objetivo es no tener un trabajo. Hacer cosas *cool* es algo que me encanta hacer, y no tener a alguien diciéndome qué debo hacer o un horario fijo dentro del cual hacerlo es un lujo que busco en mi vida… Asumo que finalmente haré algo que tenga ganancias.

–*Harvard Crimson*, 10 de junio de 2004

HARVARDCONNECTION

De correos electrónicos enviados al equipo de HarvardConnection, 30 de noviembre de 2003: Leo todo lo que me mandaron y parece que no debería llevarse demasiado tiempo en implementar, así que podemos hablar después de que tenga lista toda la funcionalidad mañana en la noche.

1° de diciembre: Reuní una de las dos páginas de registro así que tengo todo trabajando en mi sistema. Los mantengo informados conforme vaya armando todo y empiece a ser completamente funcional.

4 de diciembre: Perdón, no estuve disponible esta noche. Acabo de recibir sus tres llamadas perdidas. Estaba trabajando en unos problemas.

10 de diciembre: La semana ha estado muy ocupada hasta ahora, así que no he podido trabajar demasiado en la página o siquiera pensar en eso, así que creo que será mejor posponer nuestra reunión hasta que tengamos más cosas que discutir. También voy a estar demasiado ocupado mañana, por lo que no podría verlos de todas maneras.

Una semana después: Lo siento, he estado desconectado estos últimos días. Básicamente, he estado en el laboratorio todo el tiempo trabajando en un problema de cc [ciencia computacional] que aún no he terminado.

8 de enero de 2004: Perdón que me he tardado tanto en ponerme en contacto con ustedes. Estoy absolutamente saturado de trabajo esta semana. Tengo tres proyectos de programación, un ensayo final que entregar el lunes y tres juegos de problemas para el viernes. A partir del martes estaré disponible de nuevo para discutir la página. Aún estoy un poco escéptico respecto a si tenemos la suficiente funcionalidad en el sitio para acaparar la atención y el tráfico necesario para que una página así corra.

–Business Insider

HACKEAR POR DIVERSIÓN

Hago cosas así todo el tiempo. Me llevó literalmente una semana crear Thefacebook... la mitad de las cosas que hago no las publico. Anoche estuve cinco horas programando y logré algo que es bastante *cool*, se lo enseñé a mis amigos pero el resto del campus nunca sabrá de su existencia... Sólo me gusta hacerlo y saber que funciona; que se vuelva súper exitoso es *cool*, supongo, pero no sé, no es mi objetivo.

–*Harvard Crimson*, 10 de junio de 2004

CREAR THEFACEBOOK

Cuando estaba empezando con mis compañeros de la universidad, nunca pensé que podría construir esta compañía ni nada parecido, ¿sabes? Porque, seamos honestos, sólo éramos estudiantes universitarios, ¿no? Y creábamos cosas porque creíamos que era *cool*. Sí recuerdo tener conversaciones específicas con mis amigos en las que decíamos que alguien eventualmente iba a construir esto. Alguien va a crear algo para que la gente se mantenga más conectada con sus amigos y su familia, pero nunca creímos que seríamos nosotros quienes contribuiríamos a, digamos, dirigir toda la web en esta dirección.

–*60 minutes*, 1º de diciembre de 2010

SU DEUDA INICIAL

Teníamos una idea y un enfoque muy simple: el objetivo no era hacer que una comunidad gigantesca se emocionara; era hacer algo en donde pudieras escribir el nombre de alguien y conocer mucha información sobre él... Originalmente, manejábamos la página con 85 dólares al mes, rentando computadoras los tres primeros meses. Mi deuda era de 160 dólares, ¿sabes?

—Our Time, vía *Fast Company*, 2005

CÓDIGO MONKEY

En la universidad, construí demasiadas cosas diferentes. Es una pasión que tengo. Es como crear cosas muy rápido... Nosotros [Zuckerberg y sus más tempranos colaboradores] dijimos: "Okey, esto es algo que podría convertirse en algo mucho más grande." Entonces mis compañeros de cuarto se unieron al proyecto y fue cuando empezamos a crecer agresivamente.

—Business Insider, 14 de octubre de 2010

DEJAR HARVARDCONNECTION

De un mensaje instantáneo a un amigo describiendo su trabajo en HarvardConnection: También odio el hecho de que lo estoy haciendo para alguien más, jaja. Es que me choca trabajar debajo de otros. Siento que lo correcto es acabar Thefacebook y esperar hasta el último día que se supone que debo tener su cosa lista y entonces decirles: "Miren, lo suyo no es tan bueno como esto, así que si quieren unirse, pueden hacerlo... si no, puedo ayudarles con su idea después." ¿O crees que es muy ojete?

–Mensaje instantáneo a Adam D'Angelo, otoño de 2002, vía *Business Insider*

PSICOLOGÍA + CC = FACEBOOK

En la universidad cursaba Psicología y Ciencias Computacionales al mismo tiempo. Lo digo con mucha frecuencia, pero la gente no puede entenderlo. Así es, ¡claro, soy un tipo de computadoras! Pero también me interesaba en cómo esas dos cosas se combinaban. Para mí, las computadoras siempre fueron una forma de crear cosas buenas, no un fin en sí mismas.

–*Time*, 27 de diciembre de 2010 - 3 de enero de 2011

MADURAR

Cuando estaba en la universidad hice muchas cosas estúpidas y no quiero justificarlas. Algunas de las cosas por las que me acusan son verdad, otras no. Hay bromas, mensajes. Empecé a construirlo [Facebook] cuando tenía 19 años y, en el camino, muchas cosas cambiaron. Pasamos de crear un servicio, en un dormitorio universitario, a manejar un servicio que utilizan 500 millones de personas.

–*Conferencia D8*, 2010

EL ORIGEN DE FACEBOOK

Hubo otras cosas que creé mientras estuve en Harvard que eran como versiones más pequeñas de Facebook. Uno de esos programas se llamaba CourseMatch. La gente podía entrar a cada clase que estaba tomando y ver qué otras clases se vinculaban. En mi tiempo en Harvard construí programas así. En una menor escala.

–Fast Company, 17 de septiembre de 2009

DESHACERSE DE EDUARDO SAVERIN

Sigo creyendo que él se jodio a sí mismo... Se suponía que debía manejar la compañía, conseguir fondos y crear un modelo de negocios. Fracasó en las tres... Ahora que no voy a regresar a Harvard no tengo que preocuparme de que me agarren a golpes las mafias brasileñas. Eduardo se rehúsa a cooperar en todo...
Ahora básicamente tenemos que firmar nuestra propiedad intelectual a otra compañía y enfrentar la demanda... Sólo voy a ignorarlo y a llegar a un acuerdo con él. Y va a conseguir algo, estoy seguro, pero no se merece nada... Él tiene que firmar cosas para las inversiones y está demorándose. No puedo darme el lujo de demorarme.

*–*Correos electrónicos Dustin Moskovitz y un tercero, 2004, vía *Business Insider*

DISMINUCIÓN DE LAS ACCIONES DE SAVERIN

En cuanto a Eduardo, creo que es válido pedirle su permiso para hacer subvenciones. Especialmente si lo hacemos con la finalidad de recaudar dinero. Probablemente, hasta esté bien decir cuántas acciones estamos sumando a la apuesta; pero de seguro no está bien decirle quién se está quedando las acciones porque podría tener una reacción adversa al principio. Pero creo que incluso podríamos hacerlo entender. ¿Hay alguna forma de hacer esto sin hacer que sea dolorosamente obvio para él que está siendo disminuido al 10 por ciento?

–Correo electrónico a su abogado, 2005, vía *Business Insider*

LOS INICIOS

Silicon Valley es un cementerio de dot-coms que se fueron sin pena ni gloria. Directores ineficaces. Visión pobre. Mala ejecución. Financiamiento inadecuado. Mal liderazgo. La lista de pecados de las empresas nuevas es interminable. Como en todos los campos, normalmente hay una compañía que sobrepasa a las demás y llega antes a la cima; su éxito puede medirse en términos de poder y crecimiento. En el campo de las redes sociales, la compañía que indiscutiblemente ocupa el número uno es Facebook.

Como reza el dicho: "El éxito tiene muchos padres pero el fracaso es huérfano." ¿Quién, después de todo, recuerda MySpace? Tuvo su época pero ahora es historia en el vertiginoso mundo de Internet. Adquirido por News Corporation, de Rupert Murdoch, en julio de 2005 por 580 millones de dólares, alguna vez tuvo mil empleados, hoy tiene 200.[4] En junio de 2011, fue vendida con una pérdida impactante: los nuevos compradores la adquirieron por 35 millones de dólares, una sexta parte de su valor original.[5]

Así como el modelo de negocio de Facebook le da prioridad a la utilidad, MySpace carecía de poder de permanencia, por lo tanto, no era útil.

Cuando Facebook se concibió, tenía un presupuesto austero. Aun después de que Eduardo Saverin puso dinero operativo, la inversión era modesta. Pero lo que hizo la diferencia fue la visión de Zuckerberg. Su interés en psicología probó ser útil porque le hizo darse cuenta de que la gente siempre está interesada en otras personas. En el mundo real y en el virtual, crear una red social de contactos es de máximo interés.

En esta sección veremos los valores de Zuckerberg y cómo le dieron forma a la cultura corporativa de Facebook. Esos valores y esa cultura explican en gran medida el atractivo de Facebook alrededor del mundo, su participación dominante en el mercado y su creciente base de usuarios.

LA CULTURA DE SILICON VALLEY

Existe esta cultura en Valley de empezar una compañía antes de saber qué es lo que quieren hacer. Decides que quieres empezar una compañía, pero no sabes todavía qué te apasiona... Necesitas hacer cosas que te apasionen. Las compañías que funcionan son aquellas que realmente le importan a la gente, las que tienen una visión del mundo; así que haz algo que te guste.

–*Startup School*, 29 de octubre de 2013

LOCACIÓN, LOCACIÓN, LOCACIÓN

En respuesta a la pregunta: "¿Cuál sería un mejor escenario para los nuevos emprendedores? ¿Que Boston se convirtiera en un lugar más resuelto y con recursos emprendedores o que Silicon Valley adquiriera la visión a largo plazo a la que te has referido?" El punto que quise dejar claro no era que no necesariamente podría haber empezado Facebook en Boston, o quedarme allá; era que creo que hay más de un lugar en el que la gente puede construir compañías. En Silicon Valley hay un sentimiento de que *tienes* que estar ahí porque ahí es donde están todos los ingenieros. Yo no sé si eso sea verdad. Creo que muchas buenas compañías se han comenzado en diferentes lugares. Y a menudo siento que los emprendedores se mudan a Silicon Vally porque ahí es donde tienen que estar pero hay muchísima gente inteligente en MIT, Harvard y otras universidades, para empezar una compañía desde ahí, o en Nueva York, o en cualquier país del mundo. Éso es lo que quise decir.

—Declaraciones en MIT, 8 de noviembre de 2011

LA VISIÓN A CORTO PLAZO DE SILICON VALLEY

Hay aspectos de la cultura aquí que aún están enfocadas a corto plazo de una manera que me molesta... Creo que hay una cultura en la que la gente no se compromete a hacer las cosas. Y no es que haya algo malo con experimentar, necesitas hacer eso antes de lanzarte y decidir algo, pero creo que muchas compañías que se han construido fuera de Silicon Valley, por alguna razón parecen tener más cadencia a largo plazo.

–Startup School, 29 de octubre de 2011

ERRORES TONTOS

Cuando se le preguntó acerca de los "errores tontos" que cometió al iniciar Facebook: ¿Por dónde empiezo? ¿Con qué tema quieres empezar? Ni siquiera nos configuramos como una empresa al principio. Empecé con amigos en Harvard que eran verdaderamente inteligentes, pero que no tenían el mismo nivel de compromiso. Me mudé a Silicon Valley y muchos de ellos no querían irse a vivir allá. Se rompió parte importante del grupo fundador; yo en realidad no quería nada que ver con empezar un negocio. Teníamos a Eduardo. En vez de conformarnos como una compañía normal, lo hicimos como una sociedad de responsabilidades limitadas de Florida. No sé qué tantas cosas malas había en eso, pero fue lo primero que los abogados nos dijeron que teníamos que desenmarañar. Al principio no queríamos ser la gran cosa, sólo queríamos proveer algo de valor. En vez de lanzarlo en las escuelas que serían más receptivas, lo hicimos en las menos. Empezamos en Standford, Columbia, Yale, en todas existía ya una comunidad propia. Cuando lanzamos Facebook en *esas* universidades y funcionó, comprendimos que valía la pena invertir tiempo en eso. Mis amigos son gente que ama crear cosas *cool*. Siempre bromeamos acerca de la gente que quiere crear compañías sin querer hacer algo valioso. Hay mucho de eso en Silicon Valley. Nosotros queríamos ser valiosos.

–Startup School, 29 de octubre de 2011

MYSPACE Y FACEBOOK: *COOL* VS. ÚTIL

Cuando empezamos, todos nos comparaban con MySpace. La gran diferencia que nosotros vimos en comparación a ellos era que la gente usaba MySpace porque era *cool* y divertido. La gente nos hace la misma pregunta siempre: "¿Qué va a pasar cuando Facebook ya no sea *cool*?" Mi respuesta es que nuestro objetivo nunca fue construir algo *cool*; fue construir algo útil. Algo que solamente es *cool* no va a durar mucho tiempo. Algo que es útil dura mucho tiempo si, potencialmente, sigue siendo útil. Así que cuando digo "utilidad", eso es exactamente a lo que me refiero: estamos tratando de darle a la gente algo útil, no algo divertido.

–Museo de Historia de la Computación, 21 de julio de 2010

FACEBOOK

ENFOCADOS EN UNA MISIÓN

Creo que la diferencia más grande entre Facebook y otras compañías es lo enfocados que estamos en nuestra misión... A cada compañía le importa algo diferente. Hay compañías a las que les importa –realmente les importa– tener más capital de mercado. O hay compañías que están de verdad en el proceso y en la forma en la que hacen las cosas. Hewlett Packard, ¿cierto? Lo que siempre escuchas de ellos es "la manera HP". Google, creo, está muy atado a su cultura, en realidad les encanta. Para nosotros, la misión es construir una compañía que cree un mundo más conectado y abierto. La articulación de eso, creo, ha cambiado con el tiempo. Pero esa ha sido la convicción desde el inicio.

–Huffington Post, 14 de mayo de 2012

INDEPENDENCIA

Como compañía, estamos muy enfocados en lo que estamos construyendo, no tanto en lo que pudiera resultar. Simplemente, creemos que si logramos un producto de verdad bueno, estamos añadiendo valor a la vida de la gente. Esa es la razón por la que más de la mitad de nuestros usuarios usan Facebook a diario: es una forma más eficiente de comunicarse con sus amigos y de obtener información acerca de la gente cercana, que cualquier otra cosa. En realidad no estamos pensando en vender la compañía. No estamos buscando una Oferta Pública de Venta (OPV) en un plazo corto. No es el enfoque central de la compañía.

–*Time*, 27 de mayo de 2010

CULTURA CORPORATIVA

Si nuestra misión es crear un mundo más abierto y conectado, creo firmemente que comienza por nosotros mismos. En la empresa tenemos una cultura abierta. Cada viernes hago una sesión de preguntas y respuestas en la que cualquiera en la compañía puede levantarse y preguntarme lo que quiera. Una de las cosas que me llevo de esto es que si queremos guiar al mundo y ser el mejor servicio para compartir tanto como sea posible, nosotros debemos empezar. No quiero definirlo como "vender ideas", no podría hacer eso aun si quisiera. Pero la comunicación abierta es muy buena.

—*Time*, 27 de mayo de 2010

JUNTAS DE CONSEJO, NO DE BOSTEZO

Bueno, Facebook se trata de estar enfocados, no de mucha burocracia. Cuando empezamos a tener reuniones de Consejo hace algunos años, lo que hacía era escribir en un bloc amarillo un resumen de lo que estaba pasando con el negocio, y dárselo al Consejo; solíamos tener discusiones geniales y realmente enfocadas acerca de lo que estaba sucediendo. Desde entonces, las juntas de Consejo se han estructurado un poco más: hay más información de por medio. Pero al final de todas nuestras reuniones, nuestros directores dicen: "¿Sabes algo? Aún me encanta esa hoja de papel con el resumen de lo que sucede."

–Fast Company: 30 Second MBA

DESEO CENTRAL

Creo que la gente tiene ese deseo central de expresar quién es. Y creo que siempre ha existido.

–Charlie Rose, 7 de noviembre de 2011

PRINCIPIOS CENTRALES

Tenemos control sobre cómo se comparte la información.
No compartimos información personal con gente
o servicios que no quieres.
No le damos acceso a los anunciantes a tu información personal.
No mandamos, ni mandaremos, tu información a nadie.
Siempre mantendremos Facebook gratis, para todos.

–Washington Post, 24 de mayo de 2010

ALCANCE

En realidad es la gente quien nos ha traído hasta donde hemos llegado. Quiero decir que nosotros hemos construido productos que creemos que son buenos y que ayudan a que las personas compartan fotos y videos, y se manden mensajes. Pero se trata de cómo la gente ha difundido Facebook alrededor del mundo, en tantos países diferentes. Y eso es lo más impresionante del alcance que tiene hoy en día.

–*ABC World News*, 21 de julio de 2010

EDUCACIÓN

En 2010, Zuckerberg donó 100 millones de dólares a una fundación en beneficio de las escuelas de Newark, Nueva Jersey: La educación enfrenta muchos retos al mismo tiempo. La enseñanza debe ser más respetada y reverenciada como carrera. Los distritos escolares deben tener más autonomía y liderazgo, claro, para que puedan manejarse como empresas emergentes y no como burocracia gubernamental. Y fuera del salón debemos apoyar los intereses de los estudiantes, darles un entorno seguro para que crezcan y se mantengan sanos.

–*Startup: Education*, 24 de septiembre de 2010

OBJETIVOS

No es algo en lo que estemos muy interesados. Quiero decir, sí, podemos hacer mucho dinero, pero ese no es el objetivo. Cualquier estudiante de Harvard puede conseguir un trabajo y hacer mucho dinero. No todos en Harvard pueden tener una red social. Valoro más eso como recurso que, digamos, el dinero.

–*Harvard Crimson*, 10 de junio de 2004

INSTAGRAM

Este es un parteaguas importante para Facebook porque es la primera vez que adquirimos un producto y una compañía con tantos usuarios. No tenemos planeado hacer muchas más compras como ésta. Pero tener la mejor experiencia para compartir fotos es una de las razones por las que la gente ama Facebook y sabíamos que valdría la pena unir estas dos compañías.

–*Comunicado de prensa de Facebook*, 9 de abril de 2012

ABOGADOS

La frase que dice Zuckerberg a los líderes de las compañías que le interesa comprar: "No necesitamos involucrar abogados. Sólo hablemos a solas."

–*The New York Times*, 12 de mayo de 2012

PLATAFORMAS MÓVILES

Las plataformas móviles son una gran oportunidad para Facebook. Nuestro objetivo es conectar a todo el mundo. Y en los próximos cinco años esperamos que entre cuatro y cinco mil millones de personas tengan teléfonos inteligentes. Es más del doble de las personas que tienen computadoras hoy. Así que construir grandes servicios para esos dispositivos es esencial para nosotros, para ayudar a que la gente se conecte. También creemos que las personas son inherentemente sociales y tener un dispositivo todo el tiempo, dondequiera que estén, crea más oportunidades para compartir y conectarse.

–Seeking Alpha, 26 de julio de 2012

"NOTICIAS"

*Sobre la controversial función de Noticias, en la página principal de Facebook, cuando un usuario la llamó:
"Demasiado escalofriante, muy acosadora, tiene que irse."*
Estamos de acuerdo, el acoso no es *cool*; pero saber qué está pasando en la vida de tus amigos sí lo es. Es la información que los usuarios tenían que buscar a diario, sólo que reorganizada y resumida para que estén al tanto de la gente que quieren. La información personal no es visible para nadie que no podía verla antes.

–Blog de Facebook, 5 de septiembre de 2006

EN CONTACTO

Hasta hace poco, no había un buen sistema para mantenerte en contacto con toda la gente que hay en tu vida, que conociste en algún punto, que son –o fueron– importantes, y con quienes quieres mantener la comunicación, pero no tenías forma de estar en contacto diario o verlos en persona. Es el poder que se desprende de todo eso lo que tenemos frente a nosotros. Cuando puedes aumentar el valor de todas esas conexiones latentes y las mantienes abiertas, el contacto se hace posible. Nosotros sólo les damos la habilidad de lograr permanecer conectados y reencontrarse.

–*Museo de Historia de la Computación*, 21 de julio de 2010

DIRECTORIO EN LÍNEA

[Facebook es] esencialmente un directorio en línea para los estudiantes. En el que la gente puede buscar a otras personas y encontrar información relevante acerca de ellas. Todo desde sus intereses, su información de contacto, qué clases están tomando, a quién conocen, quiénes son sus amistades, qué dice la gente sobre ellos, qué fotos tienen. Supongo que tiene más utilidad para que la gente sepa qué está pasando en su vida y en la de sus amigos.

–*Seminario Emprendedor de Líderes de Pensamiento*,
Stanford, 2005

APERTURA

Pues, supongo que, al hacer esto, creamos una cultura en la que la gente habla entre sí acerca de cosas, entiende más claramente lo que el otro está pensando, y eso no podría ser si la organización fuera más burocrática. O, si la gente no fuera escuchada. Y entonces, siempre que la gente habla, tiene ideas y las comenta, alguien eventualmente empieza a hacer algo a partir de eso.

—Seminario Emprendedor de Líderes de Pensamiento,
Stanford, 2005

CENTRARSE EN LA GENTE

Desde el principio, Facebook no se trató de crear una página web. Facebook se trata de la gente usándolo, de las cosas que son importantes para cada quien.

—Blog de Facebook, 15 de julio de 2009

CONECTARSE

Ya sea en tiempos difíciles o de alegría, las personas quieren compartir y ayudarse unas a otras. Esta necesidad humana es lo que nos inspira a continuar innovando y construyendo cosas que permiten que la gente se conecte fácilmente y comparta su vida con otros.

—Blog de Facebook, 4 de febrero de 2010

CONTROL DE INFORMACIÓN

Nuestra filosofía es que las personas sean dueñas de su información y controlen con quién quieren compartirla. Cuando alguien comparte información en Facebook, primero necesita conceder un permiso a Facebook para usar esa información y así, mostrarla a otras personas con quienes ha elegido compartir. Sin este permiso, no podríamos ayudar a la gente a compartir información.

–Blog de Facebook, 16 de febrero de 2009

COMPARTIR

El productor y director de cine, Barry Sonnenfeld, le preguntó a Zuckerberg que, si basado en la experiencia de su hija de quince años quien "no tiene sentido de la privacidad", la compañía estaba "creando una generación en la que no hay miedo del gobierno, no hay miedo de perder lo privado".

Compartir, compartir, compartir. Compartir, compartir, compartir. Puedes configurar filtros para saber con quién compartir, compartir, compartir tu información. Y aunque parezca que a tu hija no le importa, muchísimos usuarios cambian su configuración, así que están muy al pendiente de con quién comparten qué.

–Conferencia D8, 2008

PRIVACIDAD

Hace seis años construimos Facebook a partir de ideas muy simples. La gente quiere compartir y estar conectada con sus amigos y su gente cercana. Si le damos a la gente el control sobre lo que comparten, querrán compartir más. Si la gente comparte más, el mundo será más abierto y conectado. Y un mundo así es un mundo mejor. Aún hoy tenemos nuestros principios centrales.

–*Washington Post*, 24 de mayo de 2010

CONFIGURACIÓN DE PRIVACIDAD

El reto es cómo una red como la nuestra facilita la innovación y compartir, ofrece control y opción, y hace que la experiencia sea fácil para todos. Estos son temas en los que pensamos todo el tiempo. Cuando hacemos un cambio, tratamos de aplicar las lecciones que hemos aprendido a lo largo del camino. El mensaje más importante que hemos escuchado últimamente es que la gente quiere controlar más fácilmente su información. En palabras simples, muchos de los usuarios pensaban que el control era demasiado complejo. Nuestra intención fue dar muchos controles granulares, pero eso no era exactamente lo que querían. Fallamos al blanco.

–*Washington Post*, 7 de noviembre de 2011

HERRAMIENTAS DE PRIVACIDAD

La verdadera pregunta para mí es: "¿La gente tiene las herramientas necesarias para tomar buenas decisiones?" Y creo que de verdad es importante que Facebook continuamente facilite esas decisiones... Si la gente siente que no tiene control sobre qué y cómo comparte, entonces le estamos fallando.

—*Charlie Rose*, 7 de noviembre de 2011

PRIVACIDAD DESDE EL DÍA UNO

Fundé Facebook con la idea de que la gente quiere compartir y conectar con otras personas en su vida, pero para hacer esto, todos necesitan completo control de con quién comparten. Esta idea ha sido el núcleo de Facebook desde el día uno. Cuando construí la primera versión de Facebook, casi nadie quería tener una página pública en Internet. Eso parecía alarmante. Pero mientras su página fuera privada, se sentían seguros de compartir en línea con sus amigos. La llave era el control. Con Facebook, por primera vez, la gente tenía las herramientas para hacer esto. Así fue como Facebook se convirtió en la comunidad en línea más grande del mundo. Hicimos que fuera fácil para las personas sentirse cómodas compartiendo su vida real.

–*Blog de Facebook*, 29 de noviembre de 2011

COMPARTIR INFORMACIÓN

Creo que esas compañías de publicidad en línea básicamente están recolectando cantidades inmensas de información... Pero dado que la gente puede ver la cantidad de información que comparten de sí mismos en Facebook, parece más alarmante que lo primero.

–Charlie Rose, 7 de noviembre de 2011

REVELACIONES PERSONALES

La pregunta no es: "¿Qué queremos saber de la gente?", sino: "¿Qué quiere decir la gente de sí misma?"

–Charlie Rose, 7 de noviembre de 2011

CANALES DE COMUNICACIÓN

Crear canales entre las personas que quieren trabajar juntas por un cambio siempre ha sido una de las vías de los movimientos sociales para hacer que el mundo avance. Tanto el presidente de Estados Unidos, Barack Obama, como el expresidente francés, Nicolas Sarkozy, han usado Facebook para organizar a sus simpatizantes. Desde las protestas en contra de las FARC colombianas, una organización criminal con 40 años de historia, hasta luchar contra grupos represivos en la India, la gente usa Facebook como una plataforma para construir conexiones y actuar.

–Blog de Facebook, 8 de abril de 2009

AMIGOS VIRTUALES, VIRTUALES POR SIEMPRE

Facebook quiere... convertir el mundo solitario, antisocial de oportunidades fortuitas, en un mundo amigable, de descubrimientos inesperados. Estarán trabajando y viviendo en una red de gente, y nunca más tendrán que estar solos. El Internet y el mundo entero se sentirán más como una familia, o un dormitorio universitario, o una oficina en la que tus compañeros son también tus mejores amigos.

–Time, 27 de diciembre 2010 - 3 de enero de 2011

EL SUPERPODER DEL "DE BOCA A BOCA"

Creo que la idea básica es que hay un fenómeno en la interacción de la gente. El mensaje que obtienes es, en muchas formas, mucho menos importante que *de quién* lo obtienes. Si te llega de alguien en quien confías, lo recibes. Si en cambio viene de alguien en quien no confías, quizá pienses que el mensaje real es por completo opuesto a lo que te dijeron. Creo que esa es la base del valor que la gente ve en Facebook. Voy al perfil de alguien y veo que le gusta una banda. Eso significa más para mí que ver un espectacular de la misma banda. Nos dimos cuenta de que la manera orgánica de hacer dinero y sostener la compañía era mantener estos intereses alineados.

–Fast Company, 17 de septiembre de 2009

DEMANDAS

CON EL ÉXITO VIENEN LOS LITIGIOS

En cuanto Zuckerberg publicó la página, Thefacebook llamó la atención y también la ira de los gemelos Winklevoss y Divya Narendra, quienes querían su pedazo del pastel –con intereses– de parte de Zuckerberg, a quien acusaban de robo de propiedad intelectual. HarvardConnection, aseguraban, era la idea original para Facebook.

Después de la demanda Winklevoss/Narendra, Paul Ceglia interpuso una demanda por la mitad de la propiedad de Facebook, basado en un contrato que tenía con Zuckerberg. El 26 de marzo de 2012, en un artículo de CNNMoney, Julianne Pepiton explica: "Ceglia asegura que el contrato también cubre el trabajo en un nuevo sitio llamado 'the Face Book', algo que Zuckerberg enérgicamente disputa. La cronología no hace sentido: el supuesto contrato de Ceglia está fechado varios meses antes de que Zuckerberg comenzara a trabajar en el proyecto que se convirtió en Facebook."

Orin Snyder, un abogado contratado por Facebook, presentó una moción para rechazar, argumentando: "Ceglia tenía documentos falsos, evidencia destruida. Ha abusado del sistema judicial en fomento de su esquema criminal. Ceglia debe ser responsabilizado."[6]

Lo que está por venir: la "inmanejable masa de reclamos legales" (sumando más de 40) tras la OPV de Facebook. De acuerdo con el *New York Times* ("Lidiando con las demandas a Facebook", de Peter J. Henning y Steven M. Davidoff, 28 de junio de 2012), Facebook asegura que NASDAQ tiene la culpa por sus fallas el día de apertura. El resultado: Facebook y los inversionistas en cuestión tendrán que pasar un día en la corte.

TODOS LOS CAPITALISTAS

Acerca del equipo de HarvardConnection: En lugar de eso, a partir de estas conversaciones se volvió aparente que [ellos] no estaban tan enterados y que no tenía tanta destreza en los negocios como me hicieron creer. Parecía que mis amigos de la universidad más socialmente ineptos tenían una mejor idea de lo que podría atraer a la gente a una página web que estos tipos... Después de la reunión, empecé a hacer Thefacebook, y no supe nada de ellos hasta hace una semana, cuando recibí sus cartas de demanda, en las que me amenazan con llevarme al Consejo [de Harvard] por perjuicios éticos.

Como antecedente, intento no involucrarme en los emprendimientos de otros estudiantes porque generalmente consumen mucho tiempo y no me dejan suficiente libertad para ser creativo y hacer lo mío.

Francamente, estoy un tanto en *shock* de que me amenzaran después del trabajo que he hecho para ellos sin cobrarles, pero después de lidiar con muchos otros grupos con bolsillos llenos y buenas conexiones legales, incluyendo compañías como Microsoft, no puedo decir que estoy sorprendido. Trato de dejarlo ir como una molestia mínima que pasa cada vez que hago algo exitoso: todos los capitalistas allá afuera quieren un pedazo de la acción.

—Correo electrónico al decano de Harvard, John Walsh,
17 de febrero de 2004

PELEÉ CONTRA LA LEY, Y LA LEY GANÓ

Acerca del acuerdo fuera de la corte al que llegaron con los gemelos Winklevoss, equivalente a 65 millones de dólares y su consecuente reclamo de que habían sido estafados: ¿Sabes? Me es difícil entender de dónde sacaron esto. Hace un tiempo ellos tenían una idea que era completamente alejada de Facebook. Y bueno, era un sitio de citas para Harvard. Y acepté ayudarles. Claro, no era un trabajo, no me pagaban, no estaba contratado por ellos ni nada por el estilo. Y después, la idea de que yo trabajara en algo completamente diferente, como Facebook, y que ellos siguieran molestos tantos años después, es alucinante para mí. Y eso es otra cosa que la película [*La red social*] no retrató bien; o sea, lo hacen ver como si esta demanda fuera una parte central de la historia de Facebook. Probablemente invertí menos de dos semanas de mi tiempo preocupado por esta demanda, ¿de acuerdo?... Y me hace sentir mal que después de tanto tiempo, ellos sigan enganchados en esto.

–*60 Minutes*, 1⁰ de diciembre de 2010

BIG BROTHER ESTÁ VIGILANDO

Como respuesta a los reclamos reiterativos acerca de la privacidad, la Comisión Federal de Cambio (FTC, por sus siglas en inglés) lanzó un acuerdo con Facebook que incluía lo siguiente: "El acuerdo propuesto prohíbe a Facebook realizar cualquier declaración futura de privacidad que pudiera resultar engañosa, y requiere que la compañía obtenga la aprobación de los consumidores antes de cambiar la forma en la que comparte sus datos; requiere también que obtenga evaluaciones periódicas de sus prácticas de privacidad por auditores externos e independientes por los próximos 30 años.": Incluso antes del anuncio de la FTC el día de hoy, Facebook ha abordado proactivamente muchas de las preocupaciones que la FTC plantea. Por ejemplo, su queja mencionaba nuestro Programa de Apps Verificadas, que cancelamos hace casi dos años, en diciembre de 2009. Esta misma queja menciona casos en los que los anunciantes inadvertidamente reciben los números de identificación de usuarios en URLs de los recomendantes. Arreglamos ese problema hace un año, en mayo de 2010.

Además de estos cambios en los productos, la FTC recomendó mejoras en nuestros procesos internos. Hemos adoptado estas ideas también, y hemos aceptado mejorar y formalizar la forma en la que hacemos el repaso de la privacidad en nuestros desarrollos en curso de productos. Como parte de esto, estableceremos una auditoría semestral independiente de nuestras prácticas de privacidad, para asegurar que estamos a la altura de los compromisos que hacemos.

–Blog de Facebook, 29 de noviembre de 2001

LA RED SOCIAL

Hollywood no se preocupó por crear un documental honesto de Facebook; escenas de *hackers* escribiendo códigos en computadoras no es precisamente lo que llenaría las salas de cine. Una biografía altamente dramática de la compañía es una máquina de dinero obvia.

En el caso de *La red social* –basada en el libro de Ben Mezrich, *Los multimillonarios accidentales: la fundación de Facebook*–, el resultado fue un retrato torcido de Zuckerberg y Facebook.

Mezrich escribe en una nota de autor: "Empleo la técnica de recrear diálogos. Los he basado en las recolecciones de participantes sustanciales en las conversaciones."

Así que lo que tienes en este libro, y su adaptación al cine, es una versión interpretada e imperfecta de la historia de Facebook.

LA RED SOCIAL

Es una película. Es divertida. Mucho es ficción, pero incluso los cineastas te dirán eso. Están tratando de construir una buena historia. Es mi vida, así que sé que no es tan dramática... Sería divertido recordarla como fiestas y drama loco pero, ¿quién sabe? Quizá sea una historia interesante.

–ABC News, 24 de septiembre de 2010

LA REPRESENTACIÓN DE ZUCKERBERG
EN *LA RED SOCIAL*

¿Por dónde quieres empezar? Lo más temáticamente interesante que no lograron en la película es la línea conductora. Lo hacen ver como si todas las razones para hacer Facebook y construir algo se resumieran en conseguir mujeres. Simplemente no pueden entender que alguien cree algo sólo porque le gusta hacerlo.

–Moviefone, 19 de octubre de 2010

LOS ASPECTOS POSITIVOS DE *LA RED SOCIAL*

No puedo decirte la cantidad de mensajes que he recibido de personas que usan Facebook para decirme: "Esta película es verdaderamente inspiradora. Después de verla, quiero empezar mi propia compañía". O: "Quiero estudiar ciencias de la computación", "quiero estudiar matemáticas". Y si la película tuvo ese efecto en la gente, es genial, ¿no? Quiero decir, es algo maravilloso.

–60 Minutes, 1º de diciembre de 2010

MISIÓN

Todo se reduce a: ¿cuál es la misión? Desde un inicio, la misión de Facebook ha evolucionado, pero no cambiado. Gillian Reagan analizó las declaraciones de la misión de 2004 a 2009 en un artículo titulado "La evolución de la misión de Facebook", publicado en el *New York Observer*, el 12 de julio de 2009.[7] Éstas son las declaraciones que analizó, con la misión más actual de la compañía, para que juzgues por ti mismo.

2004: Thefacebook es un directorio en línea que conecta a la gente en las universidades a través de redes sociales.

2007: Facebook es una utilidad social que te conecta que gente cercana.

2008: Facebook te ayuda a conectarte y compartir con la gente en tu vida.

2009: Facebook le da a la gente el poder de compartir y hacer del mundo un lugar más abierto y conectado.

2012: La misión de Facebook es darle a la gente el poder de compartir y hacer del mundo un lugar más abierto y conectado.

UBICUIDAD

Nuestro objetivo no es construir una plataforma,
es estar en todas ellas.

–Charlie Rose, 7 de noviembre de 2011

VISIÓN A LARGO PLAZO

Estoy aquí para construir algo para el largo plazo. Todo lo
demás es una distracción.

–Fast Company, 1^0 de mayo de 2007

STEVE JOBS

Era incríble. Tenía muchas preguntas para él acerca de cómo
construir un equipo a tu alrededor enfocado en construir cosas
de tan alta calidad como él. Cómo mantener a la organización
centrada, cuando creo que la tendencia para las compañías más
grandes es intentar disiparse e involucrarse en áreas diferentes.
Sí, o sea, mucho sólo en la orientación de la misión y la estética
de las compañías. Apple es una compañía tan enfocada en
construir productos que –para sus clientes y usuarios– es
una parte muy profunda de su misión, construir productos
hermosos. Y creo que conectábamos mucho en este nivel.

Facebook tiene una misión que es mucho más que sólo intentar construir una compañía que tiene valor en el mercado. Es como si intentáramos hacer algo en el mundo. Creo que estábamos en el mismo canal.

–Charlie Rose, 7 de noviembre de 2011

PROCESO

Facebook tiene su propia versión de La Fuerza, el pegamento secreto que mantiene unido al universo de *Star Wars*. Como explica Obi-Wan Kenobi: "La Fuerza es un campo de energía creado por todos los seres vivos. Nos rodea, nos impregna y mantiene la galaxia junta."
En el universo de Facebook, La Fuerza se llama *hackear*.

MEJORAR LOS PRODUCTOS

Comparándose con la naturaleza reiterativa de la programación con el periodismo: Es reiterativo, ¿no? Lo vas a escribir y el próximo año, lo escribirás de nuevo, y de nuevo... y finalmente, la historia será la que tú quieras.

–Fast Company, 19 de marzo de 2012

INNOVACIÓN

Mucha gente cree que la innovación consiste sólo en tener una gran idea. Pero es más moverte con rapidez y probar varias cosas. Así que en Facebook hemos construido toda la compañía y la cultura alrededor de eso. Y tenemos esta tradición de tener maratones de *hacking*, o *hackathons*, que son eventos en los que todos nuestros ingenieros –y en realidad toda la compañía– se reúnen y no duermen, pensando en cosas nuevas; en lo que ellos quieran, no sólo cosas de trabajo. Sólo probando e innovando.

–Fast Company: 30 Second MBA

HACKATHONS

Queremos asegurarnos de que todos puedan sumar sus ideas. Quiero decir, algunas de las mejores ideas en la evolución de la compañía han surgido de muchas áreas de la empresa, desde un ingeniero hasta alguien en servicio a clientes. Así que siempre hemos tenido estos *hackathons* que básicamente son tiempo que dedicamos a no trabajar en lo que normalmente trabajas. Es básicamente una incubadora donde las personas hacen prototipos de ideas; con el mismo espíritu bajo el que Facebook fue originalmente creado. Puedes crear algo bueno en un día o dos... y empezar a construirlo.

–Business Insider, 14 de octubre de 2010

CONCENTRACIÓN

Nuestro trabajo es concentrarnos en construir el mejor servicio para aplicaciones sociales de terceros. Y si hacemos eso, entonces hay un mercado masivo y mucho valor que construir en el mundo. Y si no lo hacemos, alguien más lo hará.

–Fast Company, 6 de julio de 2011

CONTEXTO SOCIAL Y LO INESPERADO

Tenemos el concepto de "descubrimientos inesperados". Una coincidencia afortunada... Cuando tienes este tipo de conocimiento sobre lo que pasa, en vez de perderte 99 por ciento de la vida de quienes te interesan, empezarás a conocer más de ellos.

–Time, 27 de diciembre de 2010 - 3 de enero de 2011

PRIMERO LO PRIMERO

Creo que una regla de trabajo simple es: si haces las cosas fáciles primero, después puedes progresar bastante.

–Charlie Rose, 7 de noviembre de 2011

PERSONAS EN ACCIÓN

La compañía entera está en realidad optimizada alrededor de unirse, construir algo rápidamente, lanzarlo rápidamente y reiterar todo eso rápidamente. Tener retroalimentación rápidamente. Ese *ethos* de movimiento rápido es una parte importantísima de lo que hacemos... Y creemos que nunca puedes construir algo grande si lo haces de la misma forma en la que lo hacen los demás.... Para las cosas centrales que queremos hacer, si tenemos que decidir entre hacerlo de la misma forma que alguien más lo hizo o hacerlo diferente, siempre elegiremos lo diferente. Y de verdad motivamos a la gente de toda la compañía a que piensen de esa forma y tomen decisiones más atrevidas.

–Business Insider, 14 de octubre de 2010

EL CAMINO DEL *HACKER*

¿Podemos hacer que algo que necesitaba diez *clicks* para obtener información, se reduzca a sólo tres? Gana tiempo en miles de operaciones. ¿Qué podemos hacer con ese tiempo?

–*Fast Company*, 19 de marzo de 2012

HACKEAR ES BUENO

Cuando decimos *hacker*, hay una definición que los ingenieros tienen para ellos mismos, y es un cumplido llamar a alguien *hacker* porque, en ese contexto, significa construir algo muy rápido, ¿de acuerdo? En una noche, puedes sentarte y descifrar un código y al final, tienes un producto.

–*60 Minutes*, 1⁰ de diciembre de 2010

VALORES

SIN JUEGOS

Por qué Zuckerberg cree que Facebook no debe entrar al desarrollo de juegos: Lo que hacemos es muy complejo, y creemos que es mejor concentrarnos en construir redes sociales. Considero que crear un servicio de juegos verdaderamente bueno es muy difícil, al igual que un servicio de música o de películas. Estamos seguros de que un emprendedor independiente siempre le ganará a la división de una gran compañía, por eso pensamos que la estrategia de otras empresas de tratar de hacer todo ellas mismas, inevitablemente será menos exitosa que un ecosistema en el que tienes a alguien como Facebook tratando de construir el producto central para que la gente se conecte y, al mismo tiempo, compañías independientes muy bien enfocadas en una o dos cosas.

–Charlie Rose, 7 de noviembre de 2011

COMETER ERRORES

Muchos negocios se preocupan por dar la imagen de que están cometiendo errores, les da miedo tomar cualquier riesgo. Las compañías están compuestas para que la gente se juzgue con base en el fracaso. Nadie me va a despedir si tengo un mal año. O cinco. No tengo que preocuparme de que las cosas se vean bien aunque no lo estén. Yo puedo configurar la compañía para crear valor.

–Fast Company, 19 de marzo de 2012

HACIENDO LAS COSAS

Hay un enfoque muy intenso en la apertura y en compartir información como una estrategia tanto práctica como ideal para lograr que las cosas se hagan.

–*Fast Company*, 1° de mayo de 2007

ALIARSE CON EL MENOS FAVORITO

Por qué Facebook eligió asociarse con Bing y no con Google: Ellos [Microsoft] son en realidad los menos favoritos. Están obligados a salir e innovar, y cuando eres presionado en un área... surge tensión entre innovar e intentar nuevas cosas con el producto o servicio que ya tienes.

–*Fast Company*, 14 de octubre de 2010

IMPORTANCIA

Supongo que al final, probablemente, a otras personas no les importaba tanto como a nosotros.

–*Time*, 27 de diciembre 2010 - 3 de enero de 2011

CONTROLES DE PRIVACIDAD PARA LOS USUARIOS

La forma en la que la gente piensa en la privacidad está cambiando. Lo que la gente quiere no es privacidad completa. No es que quieran secrecía, sino control sobre lo que comparten y lo que no.

–Time, 20 de mayo de 2010

EMPRENDEDOR / DIRECTOR GENERAL

Acerca de las cualidades de un buen emprendedor y director general: la primera es tener una idea clara y sólida de qué quieres hacer, porque a lo largo del camino hay tantas distracciones que si careces de esa base, te desviarás. Esa es la número uno: tener claro qué quieres hacer, y que sea importante para ti.

La segunda es armar un buen equipo. En eso invierto una buena cantidad de tiempo, cuando no estoy ideando productos. Y trabajo con equipos para crear los productos; todo va hasta abajo de la organización: desde un ingeniero en jefe verdaderamente bueno, los mejores *hackers* e ingenieros, hasta el jefe de producción quien verdaderamente puede comunicar exactamente lo que se hará, y asegurarse de que cada persona en la compañía sepa cuál es el plan, hasta las personas buenas en negocios, como Sheryl [Sandberg]...

¿Debería dirigir la compañía o no? Si yo desapareciera, cualquiera de ellos podría dirigir la compañía. Si tienes una idea clara de lo que estás haciendo y tienes grandes personas, ya ganaste la batalla.

–*Museo de Historia de la Computación*, 21 de julio de 2010

NO VENDERSE

Tuvimos un episodio en el que Yahoo y Viacom y todas estas empresas estaban intentando comprar la compañía. Y fueron épocas muy locas. Porque empezamos la compañía como un proyecto de dormitorio universitario. De hecho, empezamos específicamente *no* como una compañía, sino como un proyecto, y tuvimos una larga conversación sobre si queríamos convertirlo en una compañía, o una sociedad o qué. Y decidimos que una compañía era la mejor forma de atraer a la gente realmente buena e incentivarlos a construir algo genial.

Llegamos a un punto en el que, ya sabes, mis amigos y yo teníamos 22 años y la gente nos ofrecía mil millones de dólares o más por la compañía. ¿Qué hacíamos? Pero no queríamos vender.

Ese fue un momento crucial para nosotros porque, cuando tienes 22 años y tienes la oportunidad de vender algo por esa cantidad de dinero, llegas a un punto en el que no estás tomando decisiones para maximizar la cantidad de dinero que estás haciendo. En las que, quiero decir, cualquier cantidad de dinero no valía los años invertidos en construir la compañía.

–*Conferencia de prensa*, 28 de mayo de 2010

LA VENTAJA DE LOS EMPLEADOS

Siempre hemos sido significativamente más pequeños en número de empleados comparados con el número de personas que servimos alrededor del mundo. Así que está muy claro en la compañía que tenemos que construir sistemas y *software* que consideren la ventaja que los empleados tienen aquí. Y esa es una de las razones por las que la gente ama trabajar en Facebook, y por lo que quieren unirse a la compañía y permanecer aquí. Así que también eso ha afectado la estrategia. Mencioné que creemos que todos los productos de consumo, y aún más los productos de consumo que las personas utilizan, se volverán sociales con el tiempo.

–Seeking Alpha, 26 de julio de 2012

EL PODER DE ENFOCARSE

Siempre me he enfocado en un par de cosas. Una es tener una dirección clara para la compañía y lo que construimos. La otra es sólo intentar armar el mejor equipo posible para eso... Creo que, como compañía, si puedes hacer esas dos cosas bien –tener dirección clara de lo que tratas de hacer y tener gente excelente que pueda ejecutar las cosas–, te puede ir bastante bien.

–Conferencia D8, 2010

CREAR VALOR

No pienso en mí como un hombre de negocios. Sólo pienso que una de las cosas increíbles de Internet es que si creas algo bueno, es decir, un servicio valioso para la gente, entonces tú mismo puedes llegar a reconocer una porción de ese valor. Yo nunca pensé en Facebook como un negocio que crecería en su propio valor, pero de alguna forma creo que es realmente bueno que el mundo funcione de esta forma... Si alguien hace algo valioso, es suficiente para construir un buen negocio... No creo que me haya enfocado en muchas cosas similares, como muchos hombres de negocios lo hacen, pero cada día intentamos llegar y crear el mejor producto para la gente.

–Time, 2010

EMPLEADOS QUE CRECEN EN EL TRABAJO

Intentamos atraer gente, pero nuestro objetivo no necesariamente es mantenerlos para siempre. Algunas compañías son muy buenas para entrenar gente. Mucha gente, por un largo periodo de tiempo, fue a IBM porque era genial para aprender de ventas. Queremos que Facebook sea uno de los mejores lugares para que la gente aprenda a hacer cosas. Si quieres construir una compañía, no hay nada mejor que lanzarte y tratar de hacerlo. Pero Facebook también es genial para emprendedores y *hackers*. Si la gente quiere venir por unos años y después seguir adelante y construir algo real, eso es algo de lo que estaríamos orgullosos. Steve Chen trabajaba en Facebook cuando empezó a trabajar en YouTube. Se fue, hizo algo *cool*. No estoy alentando a la gente a que deje Facebook. No pretendemos estar construyendo una compañía en la que los *hackers* quieran quedarse por siempre.

–Startup School, 29 de octubre de 2011

MEDIR EL VALOR

En respuesta a la observación del entrevistador Guy Raz de que Facebook "vale 27 mil millones de dólares": Bueno, ¿a quién le importa? Yo mido el valor en términos del número de personas que están trabajando en eso.

–Museo de Historia de la Computación, 21 de julio de 2010

CONSTRUIR COMPAÑÍAS

Construir una compañía es una de las formas más eficientes en el mundo de alinear los talentos de mucha gente inteligente para lograr un cambio.

–Startup School, 29 de octubre de 2011

LOS RETOS MÁS GRANDES DE FACEBOOK

Las dos cosas en las que debes enfocarte son mantener lo bueno que tienes ahora y crecer... Enfócarte en cosas que son sustentables y útiles para que cuando lancemos más talentos, o continuemos al siguiente mercado, tengamos el mismo éxito sin afectar la posición en que nos encontremos. Es básicamente mantener la utilidad mientras estamos creciendo.

–Seminario Emprendedor de Líderes de Pensamiento,
Stanford, 2005

PRIORIDADES

Lo más importante que deberíamos hacer como negocio es priorizar, resolver qué son las cosas correctas a las que debemos acercarnos ahora... Trabajar en cosas que son importantes ahora es siempre el mejor uso que le podemos dar a nuestro tiempo.

–Seminario Emprendedor de Líderes de Pensamiento,
Stanford, 2005

CONTRATAR EMPLEADOS

Las dos cosas más importantes que busco son: uno, inteligencia pura; creo que es lo más importante. Y dos, que estén alineados con lo que intentamos hacer. La gente puede ser muy inteligente o tener habilidades que son directamente aplicables, pero si no creen en esto de verdad, no trabajarán duro.

–Seminario Emprendedor de Líderes de Pensamiento,
Stanford, 2005

MOTIVACIÓN

La demanda de tiempo y la cantidad de trabajo que se necesita para organizar algo como Facebook es tanto que si no estás completamente metido en lo que haces y no piensas que es algo importante, sería irracional invertir tanto tiempo en ello... La gente constantemente trata de encajonarnos: ¿Queremos vender la compañía? ¿Qué estamos tratando de hacer? ¿Cuál es la estrategia de negocio? Mientras que para mí, y quienes me rodean, no es en lo que nos enfocamos. Sólo nos concentramos en crear cosas.

–Time, 17 de julio de 2007

EL SIGUIENTE GRAN ÉXITO

No sé cuál va a ser el próximo éxito porque no ocupo mi tiempo en hacer cosas grandes. Me dedico a hacer cosas pequeñas y después, cuando es tiempo, las uno en un mismo proyecto.

–Harvard Crimson, 10 de junio de 2004

RÁPIDO Y MÁS RÁPIDO

Siempre podemos innovar más, hacer más... Yo sólo soy una persona impaciente, ¿de acuerdo? Quiero vernos lanzar todos estos productos muy rápido y eso es algo importante para la

compañía. Nos encanta movernos rápido, ser atrevidos
y hacer cosas grandes.

–*ABC World News*, 21 de julio de 2010

VENDERSE

Acerca de la oferta de Yahoo! para comprar Facebook en 2006, que bajó de mil millones de dólares a 850 millones después de que sus propias acciones se desplomaran: Si no quieres vender tu compañía, no entables comunicación con alguien para hablar sobre vender tu compañía.

–*New York Times*, 21 de mayo de 2012

RENDICIÓN DE CUENTAS

Cuando el modo de operar de tu compañía es moverse rápido y hacer cosas nuevas, algo en riesgo permanente es la conexión con los usuarios. Lo peor que puedes hacer es ignorar las quejas. La segunda peor cosa es pasarlos por alto y dar explicaciones superfluas. Ninguna de esas cosas funcionan y ninguna apaciaguará a tus usuarios quienes, obviamente, están molestos. Facebook aprendió esto cuando se distanció de su base de usuarios y, naturalmente, expresaron su insatisfacción, ¡en Facebook!

En *The Boy Kings*, la autora Katerine Losse escribe que cuando Facebook lanzó su función "Noticias", los usuarios se indignaron y escribieron a Facebook para quejarse. Losse, una representante de servicio al cliente en esa época, mandó una respuesta de cajón: "Esta información ya estaba disponible para tus amigos en Facebook; simplemente la estamos transmitiendo más eficientemente."

FRACASO ABSOLUTO

Después, Facebook agravó el error. De acuerdo con Losse: "Con el *click* de un botón, [servicio a cliente] mandó un correo electrónico la respuesta preestablecida acerca de las 'Noticias' a todos los usuarios que habían escrito ese día, se estuvieran quejando de esa función o no."

Con la comunidad de Facebook enardecida, Zuckerberg finalmente se encargó de resolver el problema.

Lección aprendida: si cometes un error, admítelo y sigue adelante.

HACERSE RESPONSABLES Y REPARAR EL DAÑO

De verdad creamos un desastre. Cuando lanzamos la función "Noticias", lo hicimos intentando proveer a los usuarios con un torrente de información acerca de su mundo social, pero realizamos un mal trabajo explicando las nuevas funciones, y uno aún peor cediendo el control de ellas. Quisiera corregir esos errores ahora... Puede sonar tonto pero quiero agradecerle a todos los que nos han escrito, a quienes han creado grupos y han protestado. Aunque desearía no haber hecho enojar a tantos de ustedes, me da gusto que se hicieran escuchar. Y me alegra que gracias a las "Noticias" hayan surgido tantos grupos, que la gente pudo encontrarlos y compartir en ellos sus opiniones.

–*Blog de Facebook*, 8 de septiembre de 2006

ALEGATOS DE LA COMISIÓN FEDERAL DE COMERCIO ACERCA DE LAS VIOLACIONES A LA PRIVACIDAD

Soy el primero en admitir que hemos cometido muchísimos errores.

–*Blog de Facebook*, 29 de noviembre de 2011

VISIÓN

SOPA Y PIPA

Internet es la herramienta más poderosa que tenemos para abrir el mundo y conectarlo. No podemos dejar que leyes pobremente pensadas se interpongan en el desarrollo de Internet. Facebook se opone a las leyes SOPA y PIPA, y seguiremos oponiéndonos a cualquier ley que lastime a Internet. El mundo de hoy necesita líderes políticos pro Internet. Hemos trabajado con muchos de ellos por meses para sugerir opciones a las propuestas actuales. Te exhorto a que aprendas más de estos temas y le digas a tu representante en el Congreso que quieres que sea pro la red.

–Blog de Facebook, 28 de enero de 2012

UN VISTAZO A LO OBVIO

¿No era obvio que todo mundo estaría en Internet? ¿No era inevitable que existiera una enorme red social de personas? Era algo que esperábamos que pasara. Lo que ha sido realmente sorprendente acerca de la evolución de Facebook –lo pensaba entonces y lo pienso ahora– es que si no éramos nosotros, alguien más lo hubiera hecho.

–New Yorker, 20 de septiembre de 2010

EL FUTURO DEL CORREO ELECTRÓNICO

No creemos que un sistema moderno de mensajes vaya
a ser el correo electrónico. Será un sistema que incluya
los *e-mails*. No es un asesino del correo electrónico.
No esperamos que nadie diga: "Voy a cerrar mi cuenta
en Yahoo! o en Gmail y cambiar exclusivamente a
Facebook." No creemos que eso sea lo que esté pasando
con el mundo. Aunque sea un día, seis meses, un año o
dos, es la forma en la que el futuro debe funcionar.

–*Fast Company*, 14 de octubre de 2010

TOMAR RIESGOS

El mayor riesgo es no tomar riesgos... En un mundo que cambia
tan rápidamente, la única estrategia que garantiza el fracaso es
no tomar riesgos.

–*Startup School*, 29 de octubre de 2011

EL FUTURO DE FACEBOOK

No creemos que estemos ni cerca del final de Facebook. Lo
que hemos visto es una tendencia masiva en Internet que
apunta hacia todos los tipos de información disponible.
Google salió cuando yo estaba en preparatoria. Había
más buscadores, crecían cada año... había algo nuevo,
algo *cool*. Lo que creo que resulta más interesante para las

personas son otras personas, por eso me parece que, en un sentido, Facebook es, por mucho, la aplicación en línea más cautivadora que se ha hecho hasta la fecha.

–Museo de Historia de la Computación, 21 de julio de 2010

TENDENCIAS SOCIALES

Estoy convencido de que la brecha que hemos abierto se relaciona con ayudarle a la gente a compartir información; algo que veinte años atrás no tenía el poder de hacer, y gracias a Internet se ha logrado. Ahora todos pueden compartir sus opiniones e información acerca de sí mismos y de lo que sucede en sus vidas; y eso es algo nuevo. Es la brecha que deseamos continuar, pues transformará drásticamente a la sociedad en los próximos diez o quince años. ¿O quién sabe en cuánto tiempo?

–Museo de Historia de la Computación, 21 de julio de 2011

LA EVOLUCIÓN DE LAS HERRAMIENTAS DE COMUNICACIÓN MASIVA

Comúnmente hablamos de inventos como la imprenta y la televisión, que volvieron la comunicación más eficiente y llevaron a una transformación completa de muchas partes importantes de la sociedad. Le dieron voz a la gente. Alentaron el proceso. Cambiaron la forma en la que se organizaba la sociedad. Nos unieron más.

–Charlie Rose, 7 de noviembre de 2011

GOBIERNOS RESPONSABLES

Esperamos que los gobiernos se vuelvan más responsables en cuanto a asuntos y preocupaciones expresados por su gente y no por intermediarios controlados por un pequeño grupo selecto.

–Charlie Rose, 7 de noviembre de 2011

UNA RED SOCIAL

Estamos construyendo una web que se sustenta en lo social.

–Time, 20 de mayo de 2010

RESPONSABILIDADES

Creo que el director general básicamente hace dos cosas: establecer la visión de la compañía y conformar un equipo. Hasta ahora, tenemos una visión y estamos en el proceso de ejecutarla; sólo llevamos cuatro años así que nos falta mucho. Y construir un equipo es una parte muy importante de eso. Nos pasamos mucho tiempo enfocados en eso.

–Conferencia D6, 2008

COMPARTIR INFORMACIÓN

Esperaría que el próximo año la gente comparta el doble
de información de lo que lo hace este año; y el año después
de eso, el doble que el año anterior. Esto querrá decir
que la gente está usando Facebook, sus aplicaciones y su
ecosistema cada vez más.

—New York Times, 6 de noviembre de 2008

COMPAÑÍAS ADMIRADAS

Amazon es un gran ejemplo del enfoque en el largo plazo y de
aceptar márgenes más pequeños en el corto plazo. Por años,
Jeff [Bezos] fue juzgado como un loco. Apple es increíble en
términos de calidad. Y Google también.

—Wall Street Journal, 14 de enero de 2012

TRANSPARENCIA

La historia nos dice que los sistemas mejor gobernados son
abiertos y transparentes al diálogo entre la gente que toma las
decisiones y quienes son afectados por ellas. Creemos que algún
día la historia nos demostrará que este principio también es
verdadero para las compañías también, y estamos caminando
juntos en esa dirección.

—Blog de Facebook, 26 de febrero de 2009

MONETIZAR

Cuando un miembro de la audiencia le preguntó cómo monetizar de la mejor manera la estrategia de venta: Prefiero gastar mi tiempo pensando en cómo construir y no tanto en la estrategia de venta. Creo que estamos haciendo algo mucho más interesante que los demás... y eso es *cool* para nosotros. No paso mucho tiempo pensando en vender. Lo siento.

–Seminario Emprendedor de Líderes de Pensamiento,
Stanford, 2005

EL FUTURO DE LA WEB

Creemos que el futuro de la web son las experiencias personalizadas... Por ejemplo, si estás conectado a Facebook y vas a Pandora por primera vez, puede inmediatamente empezar a tocar canciones de bandas que te han gustado o que has buscado en la web, a lo largo del tiempo. Y mientras estás oyendo música, puedes mostrar a tus amigos qué escuchas y saber qué escuchan ellos.

–Blog de Facebook, 21 de abril de 2010

EL FUTURO DE LAS REDES SOCIALES

Creo que en los próximos cinco años construiremos esta plataforma social. La idea es que la mayoría de las aplicaciones serán sociales, y la mayoría de las industrias van a ser repensadas de una forma en la que el diseño social y el contacto con tus amistades será el principio de su funcionamiento.

–*Time*, 27 de diciembre 2010 - 3 de enero de 2011

FILANTROPÍA

FILANTROPÍA TEMPRANA

Mucha gente espera a que su carrera esté más avanzada para pensar en dar algo a cambio, y he tenido muchas conversaciones con mis amigos y colegas que me llevaron a pensar: "¿Por qué esperar quince o veinte años más si ahora tengo tiempo de concentrarme en esto? Si ya tengo los recursos, debería empezar ahora." Con suerte, participar en esto motivará a otras personas de mi generación a hacer lo mismo.

–Time, 2010

DONACIÓN DE ÓRGANOS

Facebook en realidad se trata de comunicar y contar historias... Creemos que la gente puede ayudar a crear conciencia acerca de la donación de órganos en su grupo de amigos. Y eso puede ser una gran parte de la solución de una crisis que existe actualmente... queremos ayudar a que sea más simple. Sólo tienes que ingresar el estado o el país en el que te encuentras para que te podamos ayudar a conectarte con los registros oficiales.

–ABC News, 1⁰ de mayo de 2012

EL PODER DE LOS AMIGOS

Facebook se trata de conectar y compartir, conectar con tus amigos, familia y comunidades, y compartir información con ellos acerca de tu vida, trabajo, escuela e intereses. Cualquier día más de 500 millones de personas comparten sus historias, actualizaciones y fotografías. Lo que más nos ha impresionado en estos últimos ocho años es cómo la gente utiliza estas mismas herramientas y dinámicas sociales para acercarse a temas y retos importantes de su comunidad.

El año pasado, en Missouri, los usuarios de Facebook rastrearon y encontraron las pertenencias de las familias que creyeron haberlo perdido todo a causa del tornado Joplin. En Japón, los usuarios utilizaron Facebook para localizar a sus familiares y amigos después del terremoto y el tsunami de 2011. Actos más pequeños de nobleza pasan millones de veces al día en Facebook.

Nunca podríamos haber anticipado que lo que comenzó como una pequeña red evolucionaría en una herramienta tan poderosa para la comunicación y para la resolución de problemas. Ahora que esto ha sucedido, queremos construir herramientas que cambien la forma en la que resolvemos los problemas sociales del mundo...

Pero la comunidad de Facebook también nos ha demostrado que sólo compartiendo y conectando, el mundo se convierte en un lugar mejor. Hasta un individuo puede tener un impacto enorme sobre los retos que enfrenta y sobre el mundo. En Facebook, llamamos eso "el poder de los amigos".

–ABC News, 2 de mayo de 2012

LA CARTA DE MARK ZUCKERBERG A LOS INVERSIONISTAS

Cuando Zuckerberg estaba en su segundo año en Harvard, el periódico de la Universidad, *The Harvard Crimson*, cubrió el nacimiento de Facebook y su subsecuente crecimiento.

Desde ese entonces, la cobertura mediática de Zuckerberg ha sido extensiva: fans y detractores por igual han contribuido, ofreciendo su perspectiva acerca de él y de su compañía. Sus puntos de vista colectivos, como es de predecirse, varían ampliamente.

Para aquellos que quieren una perspectiva aún más amplia de Facebook vista desde los ojos de su creador, esta carta ilumina los pensamientos de Zuckerberg.

Incluida en la Forma S-1 de Registro y Declaración de Facebook, presentada el 1° de febrero de 2012, esta carta se ha publicado una docena de veces en Internet. En ella, Zuckerberg habla claramente y directo al grano, por una buena razón: es *su* voz, *su* perspectiva y *su* visión en lo que los inversionistas potenciales están interesados. En pocas palabras, es una carta que apuntala la OPV de Facebook.

Como otros han señalado, la carta de Zuckerberg es una lectura requerida para cualquiera interesado en Facebook; especialmente sus inversionistas.

LA CARTA DE MARK ZUCKERBERG

Originalmente, Facebook no se creó para ser una compañía. Se creó para lograr una misión social: hacer del mundo un lugar más abierto y conectado.

Creemos que es importante que todo aquel que invierta en Facebook entienda lo que esta misión significa para nosotros, cómo tomamos decisiones y por qué hacemos lo que hacemos. Trataré de delinear nuestra aproximación en esta carta.

En Facebook nos inspira la tecnología que ha revolucionado la forma en la que la gente comparte y consume información. Con frecuencia hablamos de inventos como la imprenta y la televisión que, al hacer la comunicación más eficiente, transformaron por completo a la sociedad. Le dieron voz a más personas. Fomentaron el progreso. Cambiaron la forma de organización social. Nos acercaron más.

Hoy, nuestra sociedad ha alcanzado un punto crítico. Vivimos en un momento en el que la mayoría de la gente del mundo tiene acceso a Internet o a teléfonos celulares, las herramientas necesarias para empezar a compartir lo que piensan, sienten y hacen con quienes quieran. Facebook aspira a construir los servicios que den a la gente el poder de compartir y los ayude, una vez más, a transformar muchas de las instituciones e industrias.

Hay una necesidad enorme y una oportunidad importante de conectar a todas las personas del mundo, a darles una voz y a transformar la sociedad para el futuro. La escala de tecnología e infraestructura que debe construirse no tiene precedentes, y nosotros creemos que es el problema más importante en el que podemos enfocarnos.

Deseamos reforzar la forma en que la gente se relaciona.

Aun si nuestra misión suena demasiado grande, empieza con lo pequeño: la relación entre dos personas.

Las relaciones personales son la unidad fundamental de nuestra sociedad: las relaciones son la forma de descubrir nuevas ideas, entender el mundo y, ultimadamente, encontrar la felicidad a largo plazo.

En Facebook construimos herramientas para que la gente esté conectada con quien quiera y comparta lo que quiera; al hacerlo, extendemos la capacidad de la gente de construir y mantener relaciones.

El hecho de que la gente construya más –aún si sólo es con su familia y sus amigos cercanos– crea una cultura más abierta y permite un mejor entendimiento de la vida y la perspectiva de otros. Creemos que esto crea relaciones más fuertes entre las personas y permite compartir un número mayor de perspectivas.

Al ayudar a la gente a formar estas conexiones, esperamos reconfigurar la forma en la que la gente comparte y consume información. Estamos seguros de que la infraestructura mundial de información debe imitar la gráfica social: una red construida desde abajo, de persona a persona, y no la estructura monolítica y vertical que hasta ahora ha existido. También creemos que dar a las personas el control de lo que comparten es un principio fundamental de esta reconfiguración.

Ya hemos ayudado a más de 800 millones de personas hacer más de 100 mil millones de conexiones a la fecha, y nuestro objetivo es ayudar a que esta reconfiguración se acelere.

Esperamos mejorar la forma en que la gente se conecta con los negocios, con la economía.

Creemos que un mundo más abierto y más conectado ayudará a crear una economía más sólida con negocios más auténticos que ofrezcan mejores productos y servicios.

Conforme la gente comparte más, tienen acceso a más opiniones de parte de las personas en quienes confían acerca de los productos y servicios que utilizan. Esto hace que sea mucho más fácil descubrir los mejores productos para mejorar la calidad y eficiencia de sus vidas.

Un resultado de facilitar la búsqueda de mejores productos es que las compañías serán recompensadas por crear mejores productos, personalizados y diseñados alrededor de la gente. Hemos descubierto que los productos que son "sociales por diseño" tienden a ser más interesantes que sus contrapartes tradicionales y nos emociona ver que más productos se muevan en esta dirección.

Nuestra plataforma de desarrollo ya ha permitido que miles de negocios construyan productos más sociales y de mejor calidad. Hemos visto nuevos acercamientos violentos en industrias como las del juego, música y noticias, y esperamos ver intensidad parecida en más industrias, con acercamientos frescos enfocados en lo social.

Además de construir mejores productos, un mundo más abierto también motivará a que los negocios se conecten con sus clientes directa y auténticamente. Más de cuatro millones de negocios tienen su página en Facebook y la usan para dialogar con los clientes. También esperamos que esta tendencia crezca.

Esperamos cambiar la manera en que la gente se relaciona con su gobierno y sus instituciones sociales.

Creemos que crear herramientas para que la gente comparta puede provocar un diálogo más honesto y transparente alrededor del gobierno lo cual, a su vez, lleva a un empoderamiento directo de la gente, mayor rendición de cuentas y mejores soluciones a algunos de los problemas más grandes de nuestro tiempo.

Al dar a la gente el poder de compartir, estamos siendo testigos de cómo la gente adquiere una voz que se escucha en una escala diferente a lo que ha sido históricamente posible. Estas voces aumentarán su volumen y su número. No pueden ser ignoradas. Con el tiempo, esperamos que los gobiernos se responsabilicen más de los temas y preocupaciones expresadas directamente por la gente y no por los intermediarios controlados por unos pocos.

A través de este proceso, creemos que los líderes que surgirán alrededor del mundo serán por Internet y pelearán por los derechos de su gente, incluido el derecho de compartir lo que quieran y el derecho de tener acceso a toda esa información compartida.

Finalmente, conforme la economía se mueva hacia productos personalizados de alta calidad, también esperamos ver emerger nuevos servicios sociales, dirigidos a los problemas mundiales que enfrentamos en la creación de empleos, educación y salud. Nos emociona hacer lo que podamos para mejorar este proceso.

Nuestra misión y nuestro negocio

Como dije antes, Facebook no fue originalmente concebido como una compañía. Siempre nos hemos preocupado, principalmente, por nuestra misión social, los servicios que hemos construidos y las personas que los usan. Este es un acercamiento diferente para una compañía pública, así que quiero explicar por qué creo que esto funciona.

Empecé escribiendo la primera versión de Facebook yo sólo porque era algo que deseaba que existiera. Desde entonces, la mayoría de las ideas y del código que forman Facebook han venido de gente increíble que se ha unido a nuestro equipo.

Las personas geniales se preocupan, principalmente, por construir y ser parte de cosas geniales; pero también quieren hacer dinero. Mediante el proceso de construir un equipo –y una comunidad de desarrollo, publicidad de mercado y base de inversionistas– he desarrollado una admiración profunda por cómo construir una compañía sólida con una máquina económica fuerte y un crecimiento constante, es la mejor forma de alinear muchas personas alrededor de la solución de problemas importantes.

Puesto de forma simple: no creamos servicios para hacer dinero; hacemos dinero para crear mejores servicios.

Y creemos que esta es una buena forma de construir algo. Estos días pienso cada vez más que la gente quiere usar servicios de compañías que creen en algo más allá de maximizar sus ganancias.

Al enfocarnos en nuestra misión y en construir grandes servicios, creemos que, a largo plazo, añadiremos valor para nuestros accionistas y socios; esto a su vez nos permitirá seguir atrayendo a las personas más capaces para construir los mejores servicios. No nos despertamos cada mañana con el objetivo de hacer más dinero, pero entendemos que la mejor forma de lograr nuestra misión es construir una compañía más fuerte y valiosa.

De esta misma forma entendemos nuestra OPV. Estamos haciéndonos públicos por nuestros empleados e inversionistas. Hicimos un compromiso con ellos, cuando les dimos participación de trabajar duro para que valiera la pena y darle liquidez, esta carta de OPV está cumpliendo con nuestro compromiso. Conforme nos convertimos en una compañía pública, estamos haciendo compromisos similares con nuestros inversionistas y trabajaremos igual de duro para cumplirlos.

El forma *hacker*

Como parte de crear una compañía fuerte, trabajamos duro para hacer de Facebook el mejor lugar para que la gente tenga un impacto importante en el mundo y aprenda de otras personas geniales. Hemos cultivado una cultura única y un acercamiento empresarial que llamamos "La forma *hacker*".

La palabra *hacker* tiene una injusta connotación negativa porque se retrata como la persona que accede a computadoras sin permiso. En realidad, *hacking* sólo significa crear algo rápidamente o poniendo a prueba los límites de lo que puede hacerse. Como todo, puede usarse para bien o para mal, pero la vasta mayoría de los *hackers* que yo he conocido tiende a ser idealista que quiere un cambio positivo en el mundo.

La forma *hacker* es un acercamiento a crear cosas que continuamente necesitan mejorar y repetirse. Los *hackers* creen que todo siempre puede estar mejor y nada nunca está completo. Tienen que arreglarlo seguido en la cara de la gente que dice que es imposible o que está contenta con el statu quo.

Los *hackers* tratan de crear los mejores servicios para el largo plazo, mientras aprenden de cada pequeña repetición y no intentan hacer todo bien a la primera. Para apoyar esto, hemos construido un examen de referencia que en cualquier momento puede correr cientos de versiones de Facebook. En nuestras paredes tenemos escritas las palabras: "Terminado es mejor que perfecto", para recordarnos estar en constante creación.

El término *hacking* también está inherentemente vinculado con la disciplina activa. En vez de debatir por días si una idea es posible o cuál es la mejor forma de construir algo, los *hackers* prefieren hacer prototipos y ver cómo funcionan. Hay un mantra para *hackers* hoy en día, y está escrito alrededor de las paredes de Facebook: "Código mata argumentos".

La cultura *hacker* es extremadamente abierta y meritocrática. Ellos creen que la mejor idea e implementación deben siempre ganar, no la persona que está vendiendo la idea, ni quien maneja a los que manejan.

Para promover este acercamiento, cada pocos meses tenemos un *hackatón*, en el que todos dan ideas y construyen prototipos. Y al final, el equipo completo se reúne, mira todo lo que se ha construido: noticias, chat, video, desarrollo móvil e infraestructura importante como el compilador HipHop.

Para asegurarnos de que nuestros ingenieros comparten esta perspectiva, requerimos que todos los ingenieros de nuevo ingreso –incluso gerentes, cuyo trabajo principal no es escribir código– asistan a un programa llamado *Bootcamp* en el que aprenden nuestro código, nuestras herramientas y nuestra visión. Hay muchos tipos en la industria que manejan ingenieros pero no saben de código, de manera que el tipo de gente echada para adelante y propositiva es a quien queremos en *Bootcamp*.

Los ejemplos antes proporcionados se relacionan con ingenieros, pero hemos agrupado estos principios en cinco valores centrales a partir de los cuales manejamos Facebook:

1. **Enfócate en el impacto.** Si lo que quieres es tener el mayor impacto, la mejor forma de hacerlo siempre es asegurarse de resolver los problemas más importantes. Suena simple pero nosotros creemos que muchas compañías hacen esto pobremente y pierden mucho tiempo. Nosotros esperamos que todos en Facebook sean buenos para encontrar el mayor problema y trabajar en él.

2. **Muévete rápido.** Moverse rápido permite construir más cosas y aprender a mayor velocidad. Sin embargo, conforme las compañías crecen, bajan el ritmo porque tienen miedo de cometer errores. Tenemos un dicho: "Muévete rápido y cambia las cosas". La idea es que si nunca cambias nada, es porque vas demasiado lento.

3. **Atrévete.** Crear cosas maravillosas significa tomar riesgos. Esto puede asustarte, pero previene que la mayoría de las empresas no hagan lo que tendrían que hacer. Sin embargo, en un mundo que está cambiando tan rápidamente, estás determinado a fracasar si no tomas riesgos. Tenemos otro mantra: "Lo más riesgoso es no arriesgarse". Motivamos a cada persona para que tome decisiones atrevidas, aun si significa estar mal por algún tiempo.

4. **Sé abierto.** Creemos que un mundo más abierto es mejor porque la gente con más información puede tomar mejores decisiones y tener un mayor impacto. Eso también aplica para el manejo de la compañía. Trabajamos duro para asegurarnos de que todos en Facebook han tenido acceso a tanta información como sea posible acerca de cada parte de la compañía para la que quieren tomar decisiones y tener más impacto.

5. **Construye valor social.** Una vez más, Facebook existe para hacer el mundo más amplio y conectado, no sólo por tener una compañía. Esperamos que todos en Facebook

se enfoquen cada día en cómo construir un valor real para el mundo.

Gracias por tomarse el tiempo de leer esta carta. Estamos convencidos de que tenemos una oportunidad para tener un fuerte impacto en el mundo y, en el proceso, construir una compañía. Me emociona empezar a construir juntos.

Comisión de Seguridad y Cambio de Estados Unidos,
"Forma S-1 de Registro y Declaración de Facebook",
1° de febrero de 2012.

PARTEAGUAS

1984

Mark Zuckerberg (MZ) nace en White Plain, Nueva York, el 14 de mayo. Sus padres son Karen y Edward Zuckerberg. (Más tarde, la familia se muda a Dobbs Ferry, Nueva York, en donde son criados Mark y sus hermanas. Sus padres aún viven.)

1996

MZ crea Zucknet, un programa de mensajería escrito en Atari BASIC. Es utilizado por su padre, dentista, en el trabajo y en casa.

1998

Septiembre: MZ se inscribe a la preparatoria Ardsley, en donde se gradúa con honores.

2000

Septiembre: MZ se inscribe a la Academia Phillips Exeter, un prestigioso colegio privado.

2001

Bajo el nombre corporativo de Intelligent Media Group, MZ crea un reproductor de música llamado Synapse. Tanto AOL como Microsoft tratan de comprarlo; MZ declina sus ofertas.

2002

Junio: MZ se gradúa de la Academia Phillips Exeter, donde ganó premios en Ciencias, Estudios Clásicos; fue capitán del equipo de esgrima.

Septiembre: MZ empieza su primer año en la Universidad de Harvard, en donde se une a la fraternidad judía Alpha Epsilon Pi.

2003

MZ escribe el código para CourseMatch, *software* diseñado para vincular a los estudiantes de Harvard con las clases que toman. También crea Facemash, que yuxtapone fotografías de mujeres estudiantes para que los usuarios evalúen quién les resulta más atractiva.

MZ conoce a Priscilla Chan en una fiesta de la fraternidad Alpha Epsilon Pi.

2004

4 de febrero: trabajando desde su dormitorio en Harvard, con Dustin Moskovitz, Eduardo Saverin y Chris Hughes, MZ

publica la primera pieza de Facebook en Internet: Thefacebook.com, disponible exclusivamente para la comunidad de Harvard.

Marzo: MZ expande el alcance de su flamante página web a otras escuelas selectas, incluyendo Stanford, Columbia y Yale.

Junio: MZ deja Harvard para desarrollar su página web. Se muda a Palo Alto, California, donde, con sus amigos, renta un rancho que también funciona como sus oficinas.

Agosto: MZ lanza Wirehog, un servicio para compartir archivos.

Septiembre: MZ lanza el Muro de Facebook.

Una demanda legal interpuesta por Cameron y Tyler Winklevoss y Divya Narendra declara que MZ les robó las ideas clave de una red social que ellos estaban desarrollando (HarvardConnection.com).

Thefacebook llega a un millón de usuarios.

2005

6 de mayo: Accel Partners invierte trece millones de dólares en la compañía de MZ.

Mayo a octubre: MZ expande el alcance de la red social a las universidades y los colegios de Estados Unidos y algunas instituciones internacionales.

Agosto: MZ cambia el nombre de la compañía a Facebook, después de comprar el dominio facebook.com por 200 000 dólares. (Sean Parker le sugirió a MZ que simplificara el nombre de la compañía quitándole la palabra "the".)

Octubre: Facebook lanza su servicio para compartir fotografías.

Facebook llega a 6 millones de usuarios.

2006

Mayo: Facebook se integra a las redes empresariales.

Yahoo! hace una oferta de compra por mil millones de dólares, MZ la declina.

Septiembre: Facebook se vuelve accesible para cualquiera mayor a trece años.

Diciembre: Facebook llega a doce millones de usuarios.

2007

Marzo: La demanda interpuesta por los Winklevoss y Narendra es rechazada, sin prejuicio, pero vuelve a presentarse más tarde.

24 de mayo: Facebook lanza Facebook Program, para programadores que desean escribir aplicaciones sociales.

Agosto: *MIT Technology Review* cita a MZ como uno de los 35 innovadores más importantes menores a 35 años.

Octubre: El Director de Microsoft, Steve Ballmer, ofrece comprar Facebook por quince mil millones de dólares. MZ dice que no. En su lugar, Microsoft compra 240 millones de dólares en acciones de la compañía.

Facebook alcanza los 58 usuarios.

2008

Enero: MZ gana el premio Crunchie de *Techcrunch*, por el mejor Director General de una nueva empresa.

Junio: La demanda de los Winklevoss y Narendra se arregla fuera de la corte.

Facebook llega a 145 millones de usuarios.

2009

Febrero: Facebook lanza el botón "Me gusta" para usar en su página web y en páginas externas.

Diciembre: Facebook alcanza 360 millones de usuarios.

2010

21 de julio: Facebook alcanza los 500 millones de usuarios.

Septiembre: MZ dona cien millones de dólares al sistema de escuelas públicas de Newark, Nueva York.

Priscilla Chan, estudiante de Medicina, se muda a la casa rentada de MZ en Palo Alto.

La revista *New Statesman* lo califica como el número dieciséis en su lista de las 50 figuras más influyentes.

1⁰ de octubre: Se estrena *La red social*, película dirigida por David Fincher y basada en el libro de Ben Mezrich, *Los multimillonarios accidentales*.

3 de octubre: En un episodio de *Los Simpson*, titulado "Loan-a-Lisa", MZ presta su voz para su personaje.

Octubre: La revista *Vanity Fair* califica a MZ como el "personaje más importante de la Era de la Información".

Diciembre: La revista *Time* nombra a MZ persona del año.

MZ promete donar la mitad de su fortuna a la caridad, uniéndose así a Bill Gates y Warren Buffett en la Giving Pledge.

Facebook alcanza los 608 millones de usuarios.

2011

Enero: Facebook lanza su función "Noticias".

29 de enero: Mark aparece como invitado sorpresa en *Saturday Night Live*, con Jesse Eisenberg quien lo interpreta en *La red social*.

Marzo: Facebook organiza la primera competencia de programación, la Facebook Hacker Cup.

10 de abril: MZ anuncia que Facebook ha adquirido Instagram.

Diciembre: Facebook se muda a sus nuevas instalaciones corporativas en 1601 Willow Road, Menlo Park, California. (1 Hacker Way es la dirección de una pista que rodea el campus este.)

2012

18 de mayo: La oferta pública inicial de Facebook vende a 38 dólares cada acción, alcanzando dieciséis mil millones de dólares por una capitalización bursátil de 104 mil millones.

19 de mayo: MZ se casa con Priscilla Chan, anunciándolo en su muro de Facebook como un "acontecimiento importante". (Los invitados, que eran menos de cien, no tenían idea que estaban asistiendo a una boda. Pensaban que era una celebración por la graduación de Priscilla de la escuela de Medicina.)

Junio: Facebook llega a 955 millones de usuarios.

Octubre: MZ anuncia que Facebook alcanzó mil millones de usuarios: "Bueno, nos juntamos todos e hicimos una cuenta regresiva. Después volvimos a trabajar."

LECTURAS RECOMENDADAS

The Facebook Effect: the inside story of the company that is connecting the world (*El efecto Facebook: la verdadera historia de la compañía que está conectando al mundo*), de David Kirkpatrick, se ha calificado como "la verdadera historia detrás de *La red social*". Es una distinción importante porque la película y el libro en la que está basada tienen partes noveladas. En cambio, *The Facebook Effect* es no ficción, cita sus fuentes y contiene un índice. Kirkpatrick explica que: "Facebook cooperó extensivamente en la preparación del libro, al igual que Mark Zuckerberg. Casi nadie directamente relacionado con la compañía se negó a hablar conmigo. Sin embargo, no hubo quid pro quo. Facebook tampoco solicitó ni recibió derechos de aprobación y, hasta donde yo sé, sus ejecutivos no vieron el libro antes de que fuera impreso." El libro es informativo, útil y acreditado; es la fuente más significativa para cualquiera que quiera la verdadera historia de Facebook y Mark Zuckerberg.

Para un vistazo cercano a los primeros años de Facebook, especialmente de su cultura mayoritariamente masculina y su orientación tecnológica, *The boys kings: a journey into the heart of the social network* (*Los niños reyes: un viaje al corazón de la red social*), de Katherine Losee, es una lectura fascinante. Lo que surge es un retrato de una compañía que elevó a sus ingenieros como figuras de gurús y a todos los demás empleados –ventas, servicio al cliente, *marketing*, dirección– como sus discípulos, de quienes se esperaba asumieran por completo su misión. En una entrevista, Kelly Faircloth de betabeat.com le preguntó a Losse –la empleada número 51 de Facebook– acerca de la dirección de las redes sociales y las preocupaciones de la privacidad. Losse respondió: "La razón por la que escribí el libro fue para empezar a tener conversaciones acerca de él. No hay una respuesta única, y tampoco creo que la respuesta sea que regresemos a la época en la que sólo interactuábamos cara a cara, y rechacemos por completo la tecnología social. Creo que lo que puede pasar es que los medios sociales empezarán a matizarse y tendrán que ser capaces de capturar nuestras relaciones en la vida real; probablemente estemos aún en la primera etapa." (27 de junio de 2012)

The Accidental Billionaires: the founding of Facebook (*Los multimillonarios accidentales: la fundación de Facebook*), del graduado de Harvard Ben Mezrich, es un relato ficticio de la compañía. El libro es la base de la criticada pero exitosa película *La red social*. Mark Zuckerberg se negó a ser entrevistado para el libro. En una nota de autor, Mezrich explica: "Hay numerosas opiniones diferentes –incluso polémicas– acerca de algunos eventos que se llevaron a cabo. Tratar de dibujar una escena de docenas de memorias de mis fuentes –algunos testigos directos, algunos indirectos– puede llevar a discrepancias. Yo recrée las escenas del libro basándome en la información que recuperé..." Por esa razón, *The Accidental Billionaires* es más útil para entender un poco de la historia de Facebook. Tal como sucedió con *Bringing Down the House*, libro anterior de Mezrich, *The Accidental Billionaires* también tuvo una adaptación cinematográfica titulada *La red social*. Se estrenó en el 2010 por Columbia Pictures y da un buen acercamiento a las épocas turbulentas que Facebook tuvo en su desarrollo temprano. *La red social* obtuvo ocho nominaciones al Oscar y ganó tres (Mejor Guión Adaptado, Mejor Banda Sonora y Mejor Edición). En la edición 68 de los Globos de Oro, ganó Mejor Película: Drama, Mejor Director, Mejor Guión y Mejor Banda Sonora Original. El actor Jesse Eisenberg, en su papel de un intenso, individualista y condescendiente Mark Zuckerberg es muy convincente, tanto que cuando un comentarista de CBS lo encontró en las bancas de los Juegos Olímpicos de Londres 2012, lo identificó erróneamente como Mark Zuckerberg.

Para un panorama general de Facebook, consulta *Facebook for Dummies* (*Facebook para tontos*) de Carolyn Abram, *The Complete Idiot's Guide to Facebook* (*La guía completa de Facebook para idiotas*) de Mikal E. Belicove y Joe Kraynak, y *Facebook: the missing manual* (*Facebook: el manual perdido*) de E. A. Vander Veer.

CITAS

PERSONAL

Ser asaltado

Ellen McGirt, "Facebook's Mark Zuckerberg: Hacker. Dropout. CEO". *Fast Company*, 1º de mayo de 2007: http:// www.fastcompany.com/59441/facebooks-mark-zuckerberg-hacker-dropout-ceo

Eliminar el deseo

Lev Grossman, "2010 Person of the Year: Mark Zuckerberg". *Time*, 27 de diciembre de 2010-3 de enero, 2011: http://www.time.com/time/specials/packages/article/0,28804,2036683_2037183,00.html

Consejo a estudiantes

Charlie Rose, "Facebook: Charlie Rose interviews Mark Zuckerberg & Sheryl Sandberg". *Charlie Rose*, grabada en las oficinas de Facebook en Palo Alto, California, 7 de noviembre de 2011: http://www.charlierose.com/view/interview/11981

Su perfil en Google+

Chris Gayomali, "The Most Followed Person on Google+ is Mark Zuckerberg", *Time*, Techland, 5 de julio de 2011: http://techland.time.com/2011/07/05/the-most-followed-person-on-google-is-markzuckerberg

De ser "Zuck"

Leslie Stahl, "The Face behind Facebook", *60 Minutes*, 13 de enero de 2008: http://www.cbsnews.com/video/watch/?id=3706601n

Pena de muerte

Guy Raz, "Net@40: The Facebook Effect", *Museo de Historia de la Computación*, 21 de julio de 2010: http://www.computerhistory.org/events/video/?videoid=_TuFkupUn7k

Hablar mandarín

Patricia Sellers, "Mark Zuckerberg's New Challenge", *Fortune*: Postcards, 26 de mayo de 2011:
http://www.huffingtonpost.com/2010/02/03/facebook-birthday-anniver_n_447972.htm

No trabajar

Michael M. Grynbaum, "Mark E. Zuckerberg '06: The Whiz Behind Thefacebook.com", *Harvard Crimson*, 10 de junio de 2004: http://www.thecrimson.com/article/2004/6/10/mark-e-zuckerberg-06-the-whiz

HarvardConnection

Nicholas Carlson, "At Last-The Full Story of How Facebook Was Founded", *Business Insider*, 5 de marzo de 2010:
http://www.businessinsider.com/how-facebook-was-founded-2010-3?op=1

Hackear por diversión

Michael M. Grynbaum, "Mark E. Zuckerberg '06: The Whiz Behind Thefacebook.com", *Harvard Crimson*, 10 de junio de

2004: http://www.thecrimson.com/article/2004/6/10/mark-e-zuckerberg-06-the-whiz

Crear Thefacebook
Leslie Stahl, "Mark Zuckerberg & Facebook", *60 Minutes*, 1º de diciembre de 2010: http://www.cbsnews.com/video/watch/?id=7120522n

Su deuda inicial
Noah Robischon, "Young Mark Zuckerberg on Film: 'We Ran The Site Originally for $85 a Month'", *Fast Company*, 28 de julio de 2009: http://www.fastcompany.com/1319242/young-mark-zuckerberg-film-we-ran-site-originally-85-month

Código Monkey
Henry Blodget, "Mark Zuckerberg, Moving Fast and Breaking Things", *Business Insider*, 14 de octubre de 2010: http://www.businessinsider.com/mark-zuckerberg-2010-10

Dejar HarvardConnection
Nicholas Carlson, "At Last-The Full Story Of How Facebook Was Founded", *Business Insider*, 5 de marzo de 2010: http://www.businessinsider.com/how-facebook-was-founded-2010-3?op=1

Psicología + CC = Facebook
Lev Grossman, "2010 Person of the Year: Mark Zuckerberg", *Time*, 27 de diciembre de 2010 - 3 de enero de 2011: http://www.time.com/time/specials/packages/article/0,28804,2036683_2037183,00.html

Madurar

Kara Swisher, "Full D8 Interview Video: Facebook CEO Mark Zuckerberg", *All Things D*, 10 de junio de 2010: http://allthingsd.com/20100610/full-d8-video-facebook-ceo-mark-zuckerberg

El origen de Facebook

Adam L. Penenberg, "Exclusive Interview: Facebook's Mark Zuckerberg on the Value of Viral Loops", *Fast Company*, 17 de septiembre de 2009: http://www.fastcompany.com/1361224/exclusive-interview-facebooks-mark-zuckerberg-value-viral-loops

Deshacerse de Eduardo Saverin

Nicholas Carlson, "Exclusive: How Mark Zuckerberg Booted His Co-Founder Out Of The Company", *Business Insider*. http://articles.businessinsider.com/2012-05-15/tech/31706573_1_ceo-mark-zuckerberg-billionaire-facebook-eduardo-saverin

Disminución de las acciones de Saverin

Nicholas Carlson, "Exclusive: Here's the Email Zuckerberg Sent to Cut His Cofounder Out of Facebook", *Business Insider*, 15 de mayo de 2012: http://www.businessinsider.com/exclusive-heres-the-email-zuckerberg-sent-to-cut-his-cofounder-out-of-facebook-2012-5

EL PRINCIPIO

La cultura de Silicon Valley

Jessica Livingston, "2011 Startup School Q&A with Mark Zuckerberg", *Startup School*, 29 de octubre de 2011: http://www.youtube.com/watch?v=XXlcYosCRgw

Locación, locación, locación

Network World, "Facebook CEO Mark Zuckerberg's Remarks at MIT", 8 de noviembre de 2011: http://www.youtube.com/watch?v=4c2_VOJ4ry

La visión a corto plazo de Silicon Valley

Jessica Livingston, "2011 Startup School Q&A with Mark Zuckerberg", *Startup School*, 29 de octubre de 2011: http://www.youtube.com/watch?v=XXlcYosCRgw

Errores tontos

Jessica Livingston, "2011 Startup School Q&A with Mark Zuckerberg", *Startup School*, 29 de octubre de 2011: http://www.youtube.com/watch?v=XXlcYosCRgw

MySpace y Facebook: *cool* vs. útil

Guy Raz, "Net@40: The Facebook Effect", *Museo de Historia de la Computación*, 21 de julio de 2010: http://www.computerhistory. org/events/video/?videoid=_TuFkupUn7k

FACEBOOK

Enfocados en una misión

Jose Antonio Vargas, "Our Facebook-Led by Mark Zuckerberg, We Define an Era", *Huffington Post*, 14 de mayo de 2012: http://www.huffingtonpost.com/jose-antonio-vargas/facebook-ipo-mark-zuckerberg_b_1514931.html

Independencia

Laura Locke, "The Future of Facebook", *Time*, 17 de julio de 2007: http://www.time.com/time/business/article/0,8599,1644040,00.html

Cultura corporativa

Dan Fletcher, "Q&A With Facebook CEO Mark Zuckerberg", *Time*, 27 de mayo de 2010: http://newsfeed.time.com/2010/05/27/times-qa-with-facebook-ceo-mark-zuckerberg

Juntas de consejo. No de bostezo.

"How Do You Prep for a Board Meeting?", *Fast Company*, 30, Second MBA: http://www.fastcompany.com/mba/question/how-do-you-prep-board-meeting

Deseo central

Charlie Rose, "Facebook: Charlie Rose interviews Mark Zuckerberg & Sheryl Sandberg", *Charlie Rose*, grabado en las oficinas de Facebook en Palo Alto, California el 7 de noviembre de 2011; blog de Facebook, 15 de julio de 2009: http://blog.facebook.com/blog.php?post=106860717130

Conectarse

"Six Years of Making Connections", blog de Facebook, 4 de febrero de 2010: http://blog.facebook.com/blog.php?post=287542162130

Control de información

"On Facebook, People Own and Control Their nformation", blog de Facebook, 16 de febrero de 2009: http://blog.facebook.com/blog.php?post=54434097130

Compartir

Kara Swisher, "The Entire D6 Interview With Facebook's Mark Zuckerberg and Sheryl Sandberg", *All Things D*, 28 de mayo de 2008: http://allthingsd.com/20080818/the-entire-d6-interview-with-facebooks-mark-zuckerberg-and-sheryl-sandberg-1-of-4/

Privacidad

"From Facebook, Answering Privacy Concerns with New Settings", *Washington Post*, 24 de mayo de 2010:
http://www.washingtonpost.com/wp-dyn/content/article/2010/05/23/AR2010052303828.htm

Configuración de privacidad

"From Facebook, Answering Privacy Concerns with New Settings", *Washington Post*, 24 de mayo de 2010:
http://www.washingtonpost.com/wp-dyn/content/article/2010/05/23/AR2010052303828.html

Herramientas de privacidad

Charlie Rose, "Facebook: Charlie Rose interviews Mark Zuckerberg & Sheryl Sandberg", *Charlie Rose*, grabado en las oficinas de Facebook en Palo Alto, Ca., 7 de noviembre de 2011: http://www.charlierose.com/view/interview/11981

Privacidad desde el día uno

"Our Commitment to the Facebook Community", blog de Facebook, 29 de noviembre de 2011:
http://blog.facebook.com/blog php?post=10150378701937131

Compartir información

Charlie Rose, "Facebook: Charlie Rose interviews Mark Zuckerberg & Sheryl Sandberg", *Charlie Rose*, grabado en las oficinas de Facebook en Palo Alto, Ca., 7 de noviembre de 2011: http://www.charlierose.com/view/interview/11981

Revelaciones personales

Charlie Rose, "Facebook: Charlie Rose interviews Mark Zuckerberg & Sheryl Sandberg", *Charlie Rose*, grabado en las oficinas de Facebook en Palo Alto, Ca., 7 de noviembre de 2011: http://www.charlierose.com/view/interview/11981

Canales de comunicación

"200 Million Strong", blog de Facebook, 8 de abril de 2009: http://blog.facebook.com/blog.php?post=72353897130

Amigos virtuales, virtuales por siempre

Lev Grossman, "2010 Person of the Year: Mark Zuckerberg," *Time*, 27 de diciembre de 2010 - 3 enero de 2011: http://www.time.com/time/specials/packages/article/0,28804,2036683_2037183,00.html

El súuperpoder del "boca a boca"

Adam L. Penenberg, "Exclusive Interview: Facebook's Mark Zuckerberg on the Value of Viral Loops", *Fast Company*, 17 de septiembre de 2009: http://www.fastcompany.com/1361224/exclusive-interview-facebooks-mark-zuckerberg-value-viral-loops

DEMANDAS

Todos los capitalistas
Correo electrónico al decano de Harvard John Walsh, 17 de febrero de 2004: http://pdf.edocr.com/ a31f6559ca7795f33904ec6ffc1fb732598fde16.pd

Pelée contra la ley y la ley ganó
Leslie Stahl, "Mark Zuckerberg & Facebook," *60 Minutes*, 1º de diciembre de 2010: http://www.cbsnews.com/8301-18560_162-7108060/mark-zuckerberg-and-facebook-whats-next/?pageNum=7&tag=contentMain;contentBody

Big Brother está vigilando
"Our Commitment to the Facebook Community", blog de Facebook, 29 de noviembre de 2011: http://blog.facebook.com/blog.php?post=10150378701937131

LA RED SOCIAL

La red social
Ki Mae Heussner, "Facebook's Zuckerberg Shows Softer Side to Oprah", *ABC News*, 24 de Septiembre de 2010, 24 de enero de 2011: http://abcnews.go.com/Technology/facebooks-zuckerberg-announces-100m-donation-schools-oprah/story?id=11718356#.UG5SZK7-1t1

La representación de Zuckerberg en *La red social*
Perri Nemiroff, "Mark Zuckerberg on What The Social Network Got Right and Wrong", *Moviefone*, 19 de octubre de 2010: http://blog.moviefone.com/2010/10/19/mark-zuckerberg-the-social-network

Los aspectos positivos de *La red social*

Leslie Stahl, "Mark Zuckerberg & Facebook", *60 Minutes*, 1º de diciembre de 2010: http://www.cbsnews.com/video/watch/?id=7120522

MISIÓN

Ubicuidad

Charlie Rose, "Facebook: Charlie Rose interviews Mark Zuckerberg & Sheryl Sandberg", *Charlie Rose*, grabado en las oficinas de Facebook en Palo Alto, Ca., 7 de noviembre de 2011: http://www.charlierose.com/view/interview/11981

Visión a largo plazo

Ellen McGirt, "Facebook's Mark Zuckerberg: Hacker. Dropout. CEO". *Fast Company*, 1º de mayo de 2007:
http://www.fastcompany.com/59441/facebooks-mark-zuckerberg-hacker-dropout-ceo

Steve Jobs

Charlie Rose, "Facebook: Charlie Rose interviews Mark Zuckerberg & Sheryl Sandberg", *Charlie Rose*, grabado en las oficinas de Facebook en Palo Alto, Ca., 7 de noviembre de 2011: http://www.charlierose.com/view/interview/11981

PROCESO

Mejorar los productos

Ellen McGirt, "'Boy CEO' Mark Zuckerberg's Two Smartest Projects Were Growing Facebook And Growing Up", *Fast Company*, 19 de marzo de 2012: http://www.fastcompany.

com/1822794/boy-ceo-mark-zuckerbergs-two-smartest-projects-were-growing-facebook-and-growing

Innovación
"How do you generate innovation?", *Fast Company*, 30 Second MBA: http://www.fastcompany.com/mba/profile/mark-zuckerberg

Concentración
E.B. Boyd, "Mark Zuckerberg, Nonplussed by Google, Sets Facebook's New Course", *Fast Company*, 6 de julio de 2011: http://www.fastcompany.com/1765371/mark-zuckerberg-nonplussed-google-sets-facebooks-new-course

Contexto social y lo inesperado
Lev Grossman, "2010 Person of the Year: Mark Zuckerberg", *Time*, 27 de diciembre de 2010, 3 de enero de 2011: http://www.time.com/time/specials/packages/article/0,28804,2036683_2037183,00.html

Primero lo primero
Charlie Rose, "Facebook: Charlie Rose interviews Mark Zuckerberg & Sheryl Sandberg", *Charlie Rose*, grabado en las oficinas de Facebook en Palo Alto, Ca., 7 de noviembre de 2011: http://www.charlierose.com/view/interview/11981

Personas en acción
Henry Blodget, "Mark Zuckerberg, Moving Fast and Breaking Things", *Business Insider*, 14 de octubre de 2010: http://www.businessinsider.com/mark-zuckerberg-2010-10

El camino del *hacker*

Ellen McGirt, "'Boy CEO' Mark Zuckerberg's Two Smartest Projects Were Growing Facebook And Growing Up", *Fast Company*, 19 de marzo de 2012: http://www.fastcompany.com/1822794/boy-ceo-mark-zuckerbergs-two-smartest-projects-were-growing-facebook-and-growing

Hackear es bueno

Leslie Stahl, "Mark Zuckerberg & Facebook", *60 Minutes*, 1º de diciembre de 2010: http://www.cbsnews.com/video/watch/?id=7120522n

Hackathons

Henry Blodget, "Mark Zuckerberg, Moving Fast and Breaking Things", *Business Insider*, 14 de octubre de 2010: http://www.businessinsider.com/mark-zuckerberg-2010-10

VALORES

Sin juegos

Charlie Rose, "Facebook: Charlie Rose interviews Mark Zuckerberg & Sheryl Sandberg", *Charlie Rose*, grabado en las oficinas de Facebook en Palo Alto, Ca., 7 de noviembre de 2011: http://www.charlierose.com/view/interview/11981

Cometer errores

Ellen McGirt, "'Boy CEO' Mark Zuckerberg's Two Smartest Projects Were Growing Facebook And Growing Up", *Fast Company*, 19 de marzo de 2012: http://www.fastcompany.com/1822794/boy-ceo-mark-zuckerbergs-two-smartest-projects-were-growing-facebook-and-growing

Haciendo las cosas

Ellen McGirt, "Facebook's Mark Zuckerberg: Hacker. Dropout. CEO". *Fast Company*, 1º de mayo de 2007: http://www.fastcompany.com/59441/facebooks-mark-zuckerberg-hacker-dropout-ceo

Aliarse con el menos favorito

Austin Carr, "Facebook Friends an 'Underdog', Microsoft'", *Fast Company*, 14 de octubre de 2010: http://www.fastcompany.com/1694882/facebook-friends-underdog-microsoft

Importancia

Lev Grossman, "2010 Person of the Year: Mark Zuckerberg", *Time*, 27 de diciembre de 2010, 3 de enero de 2011: http://www.time.com/time/specials/packages/article/0,28804,2036683_2037183,00.htm

Controles de privacidad para los usuarios

Dan Fletcher, "How Facebook is Redefining Privacy", *Time*, 20 de mayo de 2010: http://www.time.com/time/magazine/article/0,9171,1990798,00.htmlç

Emprendedor / Director general

Guy Raz, "Net@40: The Facebook Effect", *Museo de Historia de la Computación*, 21 de Julio de 2010: http://www.computerhistory.org/events/video/?videoid=_TuFkupUn7k

No venderse

Conferencia de prensa transcrita por David Kirkpatrick, "Zuck: I Could Have Sold Facebook for $1 Billion at Age 22, So No, Revenues Are Not My Top Concern", *Business Insider*, 28 de mayo de 2010:

http://articles.businessinsider.com/2010-05-28/
tech/29963929_1_privacy-yahoo-business-mode

La ventaja de los empleados
"Facebook Management Discusses Q2 2012 Results-Earnings
Call Transcript", Seeking Alpha, 26 de julio de 2012:
http://seekingalpha.com/article/755071-facebook-
management-discusses-q2-2012-results-earnings-call-
transcript

El poder de enfocarse
Kara Swisher, "Full D8 Interview Video: Facebook CEO Mark
Zuckerberg", *All Things D*, 10 de junio de 2010:
http://allthingsd.com/20100610/full-d8-video-facebook-ceo-
mark-zuckerberg

Crear valor
Rick Stengel, "An Interview with Mark Zuckerberg",
Time, grabada en las oficinas de Facebook en Palo
Alto, Ca., 2010: http://www.time.com/time/specials/
packages/article/0,28804,2036683_2037109,00.htm

Empleados que crecen en el trabajo
Jessica Livingston, "2011 Startup School Q&A with Mark
Zuckerberg", Startup School, 29 de octubre de 2011:
http://www.time.com/time/specials/packages
article/0,28804,2036683_2037109,00.htm

Medir el valor
Guy Raz, "Net@40: The Facebook Effect", *Museo de Historia
de la Computación*, 21 de Julio de 2010: http://www.
computerhistory.org/events/video/?videoid=_TuFkupUn7k

Construir compañías

Jessica Livingston, "2011 Startup School Q&A with Mark Zuckerberg", *Startup School*, 29 de octubre de 2011: http://www.youtube.com/watch?v=XXlcYosCRgw

Los retos más grandes de Facebook

James Breyer, "From Harvard to the Facebook", *Seminario Emprendedor de Líderes de Pensamiento*, Stanford, 2005: http://ecorner.stanford.edu/authorMaterialInfo.html?mid=1567

Prioridades

James Breyer, "From Harvard to the Facebook", *Seminario Emprendedor de Líderes de Pensamiento*, Stanford, 2005: http://ecorner.stanford.edu/authorMaterialInfo.html?mid=1567

Contratar empleados

James Breyer, "From Harvard to the Facebook", *Seminario Emprendedor de Líderes de Pensamiento*, Stanford, 2005: http://ecorner.stanford.edu/authorMaterialInfo.html?mid=1567

Motivación

Laura Locke, "The Future of Facebook," *Time*, 17 de Julio de 2007: http://www.time.com/time/business /article/0,8599,1644040,00.html

El siguiente gran éxito

Michael M. Grynbaum, "Mark E. Zuckerberg '06: The Whiz Behind Thefacebook.com", *Harvard Crimson*, 10 de junio de 2004: http://www.thecrimson.com/article/2004/6/10/mark-e-zuckerberg-06-the-whiz

Rápido y más rápido

Diane Sawyer, "Facebook CEO Mark Zuckerberg Talks to Diane Sawyer as Website Gets 500-Millionth Member", *ABC World News*, grabado en las oficinas de Facebook en Palo Alto, Ca., 21 de julio de 2010: http://abcnews.go.com/WN/zuckerberg-calls-movie-fiction-disputes-signing-contract-giving/story?id=11217015#.UGoObhxoj8M

Venderse

Evelyn M. Rusli, Nicole Perlroth, y Nick Bilton, "The Education of Mark Zuckerberg," *New York Times*, 12 de mayo de 2012: http://www.nytimes.com/2012/05/13/technology/facebooks-mark-zuckerberg-at-a-turning-point.html?pagewanted=all&_r=0

RENDIR CUENTAS

Hacerse responsables y reparar el daño

"An Open Letter from Mark Zuckerberg", blog de Facebook, 8 de septiembre de 2006: http://blog.facebook.com/blog.php?post=2208562130

Alegatos de la Comisión Federal de Comercio acerca de las violaciones a la privacidad

"Our Commitment to the Facebook Community", blog de Facebook, 29 de noviembre de 2011:
http://blog.facebook.com/blog php?post=10150378701937131

VISIÓN

SOPA y PIPA
"The Internet Is the Most Powerful . . . ", blog de Facebook, 18 de enero de 2012: http://www.facebook.com/zuck/posts/10100210345757211

Un vistazo a lo obvio
Jose Antonio Vargas, "Letter from Palo Alto: The Face of Facebook", *New Yorker*, 20 de septiembre de 2010: http://www.newyorker.com/reporting/2010/09/20/100920fa_fact_vargas

El futuro del correo electrónico
Austin Carr, "Facebook Friends an 'Underdog', Microsoft", *Fast Company*, 14 de octubre de 2010:
http://www.fastcompany.com/1694882/facebook-friends-underdog-microsoft

Tomar riesgos
Jessica Livingston, "2011 Startup School Q&A with Mark Zuckerberg", *Startup School*, 29 de octubre de 2011:
http://www.youtube.com/watch?v=XXIcYosCRgw

El futuro de Facebook
Guy Raz, "Net@40: The Facebook Effect," *Museo de Historia de la Computación*, 21 de julio de 2010: http://www.computerhistory.org/events/video/?videoid=_TuFkupUn7k

Tendencias Sociales
Guy Raz, "Net@40: The Facebook Effect," *Museo de Historia de la Computación*, 21 de julio de 2010: http://www.computerhistory.org/events/video/?videoid=_TuFkupUn7k

La evolución de las herramientas de comunicación masiva

Charlie Rose, "Facebook: Charlie Rose interviews Mark Zuckerberg & Sheryl Sandberg", *Charlie Rose*, grabado en las oficinas de Facebook enPalo Alto, Ca., 7 de noviembre de 2011: http://www.charlierose.com/view/interview/11981

Gobiernos responsables

Charlie Rose, "Facebook: Charlie Rose interviews Mark Zuckerberg & Sheryl Sandberg", *Charlie Rose*, grabado en las oficinas de Facebook en Palo Alto, Ca., 7 de noviembre de 2011: http://www.charlierose.com/view/interview/11981

Una red social

Dan Fletcher, "How Facebook is Redefining Privacy", *Time*, 20 de mayo de 2010: http://www.time.com /time/magazine/ article/0,9171,1990798,00.html

Compartir información

Saul Hansell, "Zuckerberg's Law of Information Sharing", *New York Times*, 6 de noviembre de 2008:
http://bits.blogs.nytimes.com/2008/11/06/zuckerbergs-law-of-information-sharing

Compañías admiradas

Shayndi Raice, "Is Facebook Ready for the Big Time?", *Wall Street Journal*, 14 de enero de 2012:
http://online.wsj.com/article/SB10001424052970204542404577 157113178985408.html

Responsabilidades

Kara Swisher, "The Entire D6 Interview With Facebook's Mark Zuckerberg and Sheryl Sandberg",*All Things D*, 28 de mayo

28 de 2008: http://allthingsd.com/20080818/the-entire-d6-interview-with-facebooks-mark-zuckerberg-and-sheryl-sandberg-1-of-4/

Transparencia

"Governing the Facebook Service in an Open and Transparent Way", blog de Facebook, 26 de febrero de 2009: http://blog.facebook.com/blog.php?post=56566967130

Monetizar

James Breyer, "From Harvard to the Facebook", *Seminario Emprendedor de Líderes de Pensamiento*, Stanford, 2005: http://ecorner.stanford.edu/authorMaterialInfo.html?mid=1567

El futuro de la web

"Building the Social Web Together", blog de Facebook, 21 de abril de 2010: http://blog.facebook.com/blog.php?post=38340451713

El futuro de las redes sociales

Lev Grossman, "2010 Person of the Year: Mark Zuckerberg", *Time*, 27 de diciembre de 2010, 3 de enero de 2011:
http://www.time.com/time/specials/packages/article/0,28804,2036683_2037183,00.htm

FILANTROPÍA

Filantropía temprana

Rick Stengel, "An Interview with Mark Zuckerberg", *Time*, realizada en las oficinas de Facebook en Palo Alto, Ca., 2010: http://www.time.com/time/specials/packages/article/0,28804,2036683_2037109,00.htm

Donación de órganos

Russell Goldman, "Zuckerberg's Dinners with Girlfriend Help Spur Life-Saving Facebook Tool", *ABC News*, 1º de mayo de 2012: http://abcnews.go.com/blogs/headlines/2012/05/zuckerbergs-dinners-with-girlfriend-help-spur-life-saving-facebook-too

El poder de los amigos

"Organ Donation: Friends Saving Lives", *ABC News*, 2 de mayo de 2012: http://abcnews.go.com/Technology/facebooks-mark-zuckerberg-sheryl-sandberg-facebook-organ-donation/story?id=16247416

NOTAS FINALES

1 Peter Steiner, "On the Internet, Nobody Knows You're a Dog", Caricatura en la revista *New Yorker*, 5 de julio de 1993, p. 61.

2 Diane Alter, "Facebook Stock Hits New Low, So What Now for Mark Zuckerberg?", *Money Morning*, 17 de agosto de 2012: http://moneymorning.com/2012/08/17/facebook-stock-hits-new-low-so-what-now-for-mark-zuckerberg/

3 "Facebook: Acerca de" https://www.facebook.com/facebook/info

4 Nigam Arora, "Rupert Murdoch Is Nobody To Tweet About Facebook", *Forbes*, 20 de enero de 2012: http://www.forbes.com/sites/greatspeculations/2012/01/30/rupert-murdoch-is-nobody-to-tweet-about-facebook/

5 Yann Balotelli, "MySpace is Back: A New Look at an Old Friend", *AllMediaNY*, 1º de octubre de 2012: http://www.allmediany.com/news/6037-myspace-is-back-a-new-look-at-an-old-friend

6 Julianne Pepitone, "Facebook Wants Court to Dismiss Ceglia Lawsuit", *CNNMoney*, 26 de marzo de 2012.

7 Gillian Reagan, "The Evolution of Facebook's Mission Statement", *New York Observer*, 12 de julio de 2009: http://observer.com/2009/07/the-evolution-of-facebooks-mission-statemen.

ACERCA DEL COMPILADOR

George Beahm, el editor del *best seller* internacional *I, Steve Jobs: Steve Jobs in his own words* (*Yo, Steve Jobs: Steve Jobs en sus propias palabras*), es un Comandante de la Armada retirado que sirvió en la Guardia Nacional y en las Reservas de la Armada, en Estados Unidos. Ha publicado 35 libros de no ficción. Beahm vive en Williamsburg, Virginia. Su página web es www.georgebeahm.com

ÍNDICE

Esta obra se terminó de imprimir en agosto de 2013
en los talleres de Litográfica Ingramex, S.A. de C.V.,
Centeno 162-1, col. Granjas Esmeralda,
C.P. 09810 México, D.F.